Prof. Dr. Ludwig Spätling,
Helmut Flecks

Glücklich als Paar, glücklich als Familie

GOLDMANN

Buch

Die erste Verliebtheitsphase – alles scheint perfekt. Doch kaum ein Paar entwickelt rechtzeitig einen klaren Blick für die Untiefen, die sich nach dem ersten Hoch auftun. Ungeahnte Herausforderungen, über die die meisten nie gesprochen haben, stellen Paare vor eine harte Belastungsprobe.

In diesem Buch zeigen Prof. Dr. Ludwig Spätling und Helmut Flecks, wie Familien und Paare ihre Liebe und ihre Verbindungen stärken können, sich Freiheiten lassen und dennoch eine Einheit bilden – mit vielen Übungen, Fallbeispielen und Tipps für den Alltag.

Prof. Dr. Ludwig Spätling, Helmut Flecks
Katja Flecks, Marcus Keller

Glücklich als Paar, glücklich als Familie

Gemeinsame Werte definieren, Individualität zulassen, Liebe stärken

Mit einem Vorwort von
Prof. Dr. Dr. h.c. Laszlo A. Vaskovics

GOLDMANN

MIX
Papier | Fördert gute Waldnutzung
FSC® C014496

Penguin Random House Verlagsgruppe FSC® N001967

1. Auflage
Originalausgabe Januar 2023

Ghosting und Redaktion: Anne Jacoby
Alle Illustrationen via Adobe Stock: OneLineStock.com: 5, 7, 8, 9, 13, 23, 24, 29, 34, 42, 44, 49, 51, 87, 77, 113, 126, 175, 184. prezent: 3 und Infokästen. Oleksandr: 83. Ngupakarti: 67, 100. torik: 130. Simple Line: 109. Valenty: 135, 164. MuhammadZulfan: 9, 151. nasharaga: 157.
Umschlag: Uno Werbeagentur, München
Umschlagmotiv: FinePic®, München
Layout und Satz: Buch-Werkstatt GmbH, Bad Aibling
Druck und Bindung: GGP Media GmbH, Pößneck
Printed in Germany
GS · IH

ISBN 978-3-442-17965-7

Liebe ist das Einzige,
was wächst,
wenn man es verschwendet.

RICARDA HUCH

Inhalt

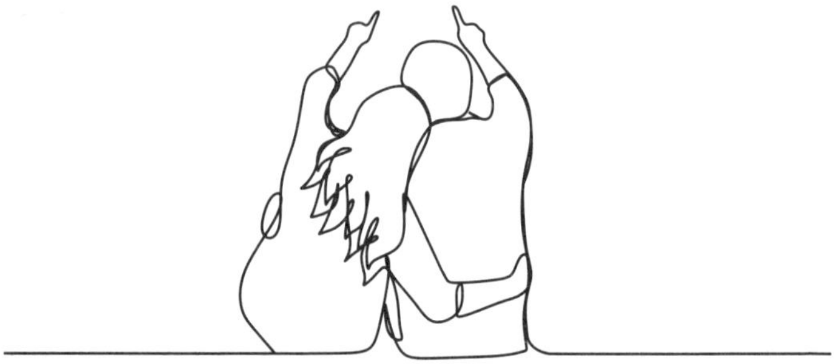

Ein Wort zuvor

Als ich die Einladung für dieses Vorwort erhalten habe, musste ich an eine Episode denken, die sich später als eine Initialzündung für diese Veröffentlichung erwies.

Ich erzählte Prof. Ludwig Spätling bei einem Treffen, dass wir in einer repräsentativen Untersuchung[1] junge Paare zu ihrer Partnerschaft befragt haben – immer im Abstand von zwei Jahren, zehn Jahre lang. Bei bestimmten Themen fragten wir die jungen Frauen und Männer, wie sie die Antworten ihrer Partnerin oder ihres Partners auf die gleichen Fragen einschätzen. Dabei ging es um Themen wie die Zahl der geplanten Kinder, der Berufsverlauf nach Geburt der Kinder, Unterbrechung oder Reduzierung der Berufstätigkeit nach Geburt des Kindes, Haushaltseinkommen, Arbeitsteilung im Haushalt, Zuständigkeit bei der Kindererziehung und so weiter.

Was uns überrascht hat: Die meisten jungen Männer und Frauen sagten uns, dass sie nicht wissen, wie die oder der jeweils andere die gleichen Fragen beantwortet haben könnte. Im Rahmen der nachfolgenden Befragungen stellte sich heraus, dass die meisten Paare über die elementaren Themen Partnerschaft und Elternschaft, über ihre Wünsche und Werte nie gesprochen haben und nicht sprechen.

Diese Beobachtung passte in die Zeit. Sie war für uns beunruhigend, weil andere soziologische Untersuchungen darauf aufmerksam machen, dass junge Paare heute so viele Wahlmöglichkeiten haben wie nie zuvor in der Geschichte. Das klingt erst einmal gut. Doch »Multioptionengesellschaften« machen nicht nur viele Optionen *möglich*, sondern sie machen es auch *unmöglich, nicht zu wählen.*

Junge Menschen *müssen* also Entscheidungen treffen. Soziologisch gesprochen: Durch den Wegfall von gesellschaftlichen Stabilisierungsfaktoren ergeben sich für die Partner erhöhte Gestaltungsaufgaben in Form von »Beziehungsarbeit«. Konflikte müssen innerfamiliär ausgetragen, gelöst oder geregelt werden.

Daraus ergeben sich im Vergleich zu früher erhebliche Mehranforderungen für alle Familienmitglieder. Und daraus wiederum ergeben sich zweifellos auch mehr Risiken. Es ist heute schwieriger als je zuvor, Partnerschaften zu gestalten und zu *stabilisieren* und Familienleben zu gestalten und langfristig gesund, erfüllend und glücklich zu halten.

Die Bewältigung von Problemen und Konflikten, die sich daraus ergeben, verlangen spezielle Fähigkeiten und Fertigkeiten. Diese zu vermitteln ist eine wichtige Aufgabe der familienbezogenen Bildungsarbeit.

Diese Gedanken haben die Autoren dieses Bandes aufgegriffen und nun ein Buch vorgelegt, das Paaren – jungen, aber auch älteren – bei der Gestaltung ihrer Partnerschaft und Familien wichtige Entscheidungshilfen bieten soll. Und, falls es einmal nicht so gut läuft, einige kleine Reparatursets ...

Prof. Dr. Dr. h.c. Laszlo A. Vaskovics

Wie geht glücklich?

Sie sehen so unglaublich happy aus …

… die jungen Paare, die jungen Familien, wie sie sich zeigen in ihren Statusbildern auf WhatsApp, auf Instagram, auf Facebook. Sie lachen, strahlen, unternehmen tausend tolle Sachen, sind erfolgreich, gesund, glücklich.

Wirklich?

Als Frauenarzt – gemeint bin ich, Ludwig Spätling –, und als Psychologen – das sind wir, Katja und Helmut Flecks und Marcus Keller – wissen wir, dass diese Bilder von glücklichen Paaren, von glücklichen Familien, jede Menge *nicht* zeigen.

Was ist mit den täglichen Streitereien, was ist mit den heimlichen Geldsorgen, und was ist mit dem permanenten Druck im Job und in der Schule? Das alles wird hinter den Kulissen versteckt. Das wird verschwiegen, ignoriert, bis es irgendwann heißt: Es hat geknallt. Es ging nicht mehr. Wir haben uns getrennt.

So plötzlich?

Ein Knall ist es nicht, eher ein leises Unbehagen. Irgendwann bringt man sich am Morgen den Kaffee nicht mehr ans Bett. Irgendwann schleicht sich diese seltsame Stille an den Abendbrottisch. Irgendwann findet man neben der Arbeit keine Zeit mehr für gemeinsame Unternehmungen, hat keine Lust mehr auf Sex und fragt sich, ob es jemals eine gemeinsame Idee dazu gegeben hatte, wie man denn nun die Kinder erzieht.

Und irgendwann ist es dann vorbei mit dem gemeinsamen Lebenstraum, der gemeinsamen Liebe, der gemeinsamen Familie. Zurück bleibt ein Trümmerhaufen, ein tiefes Gefühl der Verletzung bei beiden Partnern und in Kinderseelen. Dabei könnte das Leben zu zweit und das Leben mit Kindern so schön sein. Nein: Dabei *ist* es so schön. Wenn man es richtig angeht.

Wir haben lange darüber nachgedacht, ob wir einen »Glücksratgeber« schreiben wollen. Ist es denn überhaupt »machbar«, das Glück? Lässt es sich tatsächlich einfädeln? Und wenn man es eingefädelt hat: Wie hält man das Glück denn fest? Vielleicht sogar für immer?

Darauf gibt es zwei Antworten. Die eine heißt: Ja! Man kann eine Menge tun für das Glück zu zweit, zu dritt, zu viert ... Tolle Ausflüge, super Abenteuer, gemeinsam backen. Gut und schön. Nur gibt es da noch die andere Antwort: Aber. Es gibt da etliche Schwierigkeiten, etliche Herausforderungen und Untiefen, um die gängige Glücksratgeber lieber einen Bogen machen. Weil es schwierige Themen sind: Streit und Kränkung, zu viel (oder zu wenig) Stress im Bett, das Gefühl, mitten in einer Beziehung einsam zu sein und auch: das Thema Gewalt.

Wir haben uns vorgenommen, in diesem Buch nicht nur über die glücklichen Dinge zu schreiben, die sich prima auf Insta posten lassen. Sondern auch über das, worüber niemand gern spricht, unter dem aber doch viele, auch junge

Menschen leiden. Die dunklen Seiten. Gerade dann, wenn Sie sich mit diesen Seiten konfrontiert sehen, möchten wir Ihnen Mut machen. Es gibt sie ja, die Möglichkeiten, eine eingerostete Liebe wieder in Schwung zu bringen. Es gibt Möglichkeiten, rechtzeitig aus der Streitspirale auszusteigen. Es kann gelingen, die ganz heißen Themen anzusprechen. Wenn man weiß, wie.

Wissen, wie. Das hilft.

Schon vor dieser Krisenzeit – vor Corona, vor der Inflation, vor den ganz alten und jetzt wieder aktuellen Fragen nach genügend Trinkwasser im Sommer, nach ausreichend warmen Räumen im Winter, nach funktionierenden Schulen, Bahnstrecken und Krankenhäusern – schon lange vorher war das Leben für viele junge Familien wie ein zermürbender Dauerlauf.

Zwei Mal Vollzeitjob, ein Kind im Kindergarten, ein oder zwei weitere in der Schule, die älter werdenden Eltern, der Arzttermin, der Wocheneinkauf, jeden Tag kochen, aber bitte gesund, Wäsche waschen, aufräumen, Elternrundschreiben lesen, Vokabeln abfragen, Rasen mähen, Geburtstag nicht vergessen, und dann soll man auch noch Sport treiben, um den Stress abzubauen und entspannt mit den Kindern spielen, damit sie sich gut entwickeln und immer schön *achtsam* leben, damit man selbst nicht ausbrennt. Tja …

Wie soll das gehen? Geht das überhaupt? Wir meinen: Es geht! Aber es geht nicht so einfach, wie wir uns das wünschen. Denn das perfekte Glück als Paar und als Familie, das gibt es zwar nicht. »Jedes Glück hat einen kleinen Stich«, wusste schon

Kurt Tucholsky. »Wir möchten so viel: Haben. Sein. Und gelten. Daß einer alles hat: das ist selten.« Und doch kann man es versuchen. Noch einmal: Wir können auch anders, wenn wir wissen, wie. Und dieses Wissen ist wichtiger als je zuvor.

Familien unter Druck

Im Druckkessel der Krisenzeit dreht sich das Rad für viele noch einmal schneller: Zu den immer schon überbordenden Aufgaben kommen Isolations- und Quarantänezeiten für Familienmitglieder, die sich das Corona-Virus eingefangen haben – vielleicht schon zum zweiten, dritten oder fünften Mal.

Wenn wir Pech haben, spitzt sich die Lage irgendwann wieder so zu, dass Schulen schließen, dass die Kinder zu Hause vor Laptops und Tablets kleben und sich Eltern unfreiwillig in Hilfslehrer für Mathe, Sachkunde und Französisch verwandeln.

Schon lange sind sie als Haustechnikerinnen für Videokonferenzen und Küchenpsychologen für die vielen Pubertierenden gefragt, die in der immer wieder erzwungenen Einsamkeit immer mehr mit Panikattacken, mit Erschöpfung und Depressionen zu tun haben, mit Essstörungen und Rückenschmerzen. Nicht nur der endlosen Stunden vorm Rechner wegen, sondern weil das ganze Leben so unübersichtlich geworden ist. So unsicher. So beängstigend.

Nicht jede Beziehung ist stark genug, den immer stärkeren Druck auszuhalten. Und selbst in den Familien, die sich für einigermaßen gut aufgestellt hielten, treiben der monatelange Schulstress im Kinderzimmer, die endlosen Zoom-Treffen am

Esstisch und die wachsenden finanziellen Sorgen irgendwann das Stresslevel so hoch, dass es sich in Gewalt entlädt. Nein, nicht nur in »prekären« Lebensverhältnissen. Überall.

Wir sehen aber auch junge Familien, die erstaunlich gelassen durch diese Krise gehen. Wir sehen junge Paare, die in der Krise zusammengewachsen und fest entschlossen sind, alles, was da noch kommen möge, gemeinsam zu schaffen. Wir sehen ein ganz erstaunliches Beziehungsglück bei sehr jungen Paaren – und wir haben uns gefragt: Wie machen die das?

Das haben wir uns angeschaut, und das haben wir abgeglichen mit unseren eigenen wissenschaftlichen Erkenntnissen und Erfahrungen aus der Praxis. Ich, Ludwig Spätling, habe es mir in meinen Jahren als Direktor der Frauenklinik im Klinikum Fulda zur Herzensangelegenheit gemacht, junge Paare im Rahmen der Geburtsvorbereitung nicht nur auf ihr Baby vorzubereiten, sondern auch auf die Herausforderungen des Familienlebens. Meiner Erfahrung nach ist es wesentlich, dass junge Paare sich fundiertes Beziehungswissen so früh wie möglich, also schon bei Beginn der Planung einer gemeinsamen Zukunft, zu Herzen nehmen. Deshalb habe ich unter dem Dach der von mir gegründeten Deutschen Familienstiftung Seminare zu diesem Thema ins Leben gerufen – und letztendlich auch dieses Buch initiiert. Und wir, Katja und Helmut Flecks und Marcus Keller, kennen die Herausforderungen junger Familien aus meiner auf Paare spezialisierten psychotherapeutischen Praxis und ebenfalls aus der Seminararbeit.

Zurück in die Fifties? Bitte nicht.

Mit unserem gemeinsamen Buch möchten wir jungen und älteren Paaren Mut machen, gerade in schwierigen Zeiten aufeinander zuzugehen, miteinander zu reden, über die Arbeit zu sprechen, in Ruhe miteinander zu essen und die Dauerstressthemen Sex und Erziehung nicht dauernd in die Ecke des Unsagbaren zu drücken, sondern noch einmal neu anzuschauen. Mit mehr gegenseitigem Verständnis, mit einer größeren Entspanntheit und viel mehr Humor.

Es ist uns bewusst, dass das nicht leicht ist. Gerade für die Mütter nicht, die in der Pandemie mehr im Homeschooling unterstützten, die ihre Arbeitszeit reduzieren mussten oder, um sich tagsüber um ihre Kinder zu kümmern, ihre Arbeitszeit in die Nacht verlegt hatten.

Im Thema Gleichberechtigung sind wir nicht nur um einige Jahre zurückgeworfen. Gerade da, wo Mütter sich mit hohem Selbstanspruch um praktisch alle Familienangelegenheiten allein kümmern und zusätzlich versuchen, möglichst viel selbst zu kochen, zu backen und zu bauen, sind wir vielerorts in den 1950er Jahren angekommen. Bei aller Bewunderung für dieses Engagement: Der damit verbundene Mehrfachstress und der Verlust ihrer Autonomie ist für Mütter eine enorme Härte, und nicht nur für sie.

Und was ist mit den Vätern?

Was in den Diskussionen um junge Familien oft vernachlässigt wird, ist die Lage der Väter. Die allermeisten von ihnen wollen das Beste für ihre Kinder und sich einbringen in die Familie, fühlen sich aber in den ersten Monaten nach der Geburt eher wie ein Störfaktor. Vielen gelingt es nur schwer, einen guten Kontakt zu ihrem Neugeborenen aufzubauen, viele geben frustriert auf.

Nicht selten werden diejenigen, die über gemeinsames Toben Verbindung suchen, von ihren Partnerinnen zurückgepfiffen: zu wild, zu gefährlich, bitte nicht. Es ist zwar richtig, behutsam mit Kleinkindern umzugehen. Doch ist es auch wichtig, jedem Elternteil seine Eigenart zuzugestehen. Vielfalt macht Kinder vielfältig! Und es gibt heute viele Väter, die ihre Rolle wunderbar ausfüllen. Wenn sie dann aber genau wie die Mütter unter der Doppelbelastung von Beruf und Familie ächzen, haben sie nicht einmal einen Ort, an dem sie das zum Thema machen könnten.

Immer dann, wenn Leitbild und Lebenswelt nicht zusammenpassen, ergeben sich Konflikte, Probleme, nicht geplante Entwicklungen. Wird der Druck zu groß, zerbrechen Partnerschaften, zerfallen Familien, werden Erziehungs- und Bildungsziele nicht erreicht, driften Kinder und Jugendliche ab. Und schon steht die Schuldfrage im Raum. Und im nächsten Schritt oft die existenzielle Frage nach dem Fortbestand der gemeinsamen Partnerschaft.

Viele junge und auch viele ältere Paare ziehen in einer solchen Situation nicht in Betracht, dass es hier nicht um Schuld und Scheitern Einzelner geht. Es geht darum, in einer für Familien ausgesprochen widrigen Lage überhaupt zurechtzukommen: die Bildungssituation für die Kinder ist in jeder Hinsicht problematisch, die Anforderungen an die eigene Bildungs- und Berufskarriere sind sehr hoch, die nicht zuletzt medial vermittelten, sehr hohen Erwartungen an den Glücksgehalt der gemeinsamen Partnerschaft verschärfen die ohnehin schon destabilisierenden Rahmenbedingungen noch einmal.

Wenn zwei sich lieben, freuen sich alle

In dieser Situation setzen wir auf Familienwissen. Unserer Überzeugung und auch unserer Erfahrung nach wächst das Beziehungsglück von Paaren mit grundlegendem Wissen. Gemeint ist das Wissen darüber, wie unglaublich unterschiedlich nicht nur Mütter und Väter, sondern im Grunde alle Menschen sind, und wie man mit den Wunderlichkeiten der anderen entspannt und zugewandt leben kann.

Gemeint ist Wissen darüber, was eine Partnerschaft langfristig braucht, damit sie sich zu einer tragfähigen und glücklichen Beziehung entwickelt. Eine Beziehung, in der jeder der sein kann, der er eben ist, und auf deren Basis auch Kinder sich gesund und glücklich entwickeln können – allen äußeren Widrigkeiten zum Trotz.

Wir sind überzeugt: Liebe wächst, wenn man sie verschwendet. Familienwissen macht Eltern und Kinder gelassen, glücklich und gesund. Um dieses Wissen geht es uns in diesem Buch.

Beziehungsglück ist Familienglück.

Wer will das nicht?

1_lieben

Zeige Deine Liebe.

Lebe Deine Liebe.

Jeden Tag.

Die Liebe ist ein kompliziertes Gefühl

Was wäre Instagram, was wäre Hollywood, was wären Oper, Pop und Weltliteratur ohne die Liebe? Es gäbe nichts zu erzählen, nichts mitzufühlen, keine Gänsehaut auf dem Rücken und keinen Stich ins Herz. Die Liebe gehört zum Menschen dazu. Die Liebe macht den Menschen zum Menschen.

Dass der Mensch ohne Liebe nicht leben kann, heißt nicht, dass ihm das Leben mit der Liebe leichtfällt. Das Leben als Paar, als Familie oder in welcher Konstellation auch immer, die von Liebe zusammengehalten wird.

Was macht das ganz einfache Gefühl der Liebe so kompliziert? Und was ist los, wenn Menschen sich verlieben, wenn sie sich lieben und wenn sie versuchen, passende Rollen in ihrem Stück der Liebe zu spielen? Warum geht dabei so viel schief? Und geht es auch einfacher? Besser?

Verliebt? Wahnsinn.

»Ein Paar ist eine Verschwörung auf der Suche nach einem Verbrechen. Oft kommt dabei höchstens Sex heraus«, schreibt der englische Psychoanalytiker Adam Philipps.[2] Das trifft es ganz gut. Sind frisch Verliebte nicht immer auch ein verrücktes Doppelpack? Wie oft sind sie entrückt in den siebten Himmel? Überzeugt davon, ein Level in ihrem Leben freigespielt zu haben, das vielleicht noch nie jemand zuvor erreicht hat? Ist die Liebe ein »heiliger Wahnsinn«?[3]

Sie mag sich zwar so anfühlen. Aber die Liebe ist, wenn man es ganz nüchtern aus der medizinischen Perspektive betrachtet, zunächst einmal ein Chemiebaukasten. Wenn wir uns verlieben, fahren Hormone mit uns Achterbahn: Das Glückshormon Serotonin schwankt wie wild, sogar Stresshormone setzen uns unter Dauerfeuer. Was ist da los?

Die Liebe ist ein Chemiebaukasten

Im Jahr 2020 fragte ein finnisches Wissenschaftlerteam um Liisa Kuula vom *Sleep Well Research Program* der Universität Helsinki[4] rund 1400 Jugendliche, wie sie sich fühlten und wie gut sie schliefen. Elf Prozent von ihnen gaben an, gerade verliebt zu sein. Und, siehe da: Diese Mädchen und Jungen wiesen höhere Werte für Depressionen und Angstzustände auf als andere. Vor allem die verliebten Mädchen schliefen schlechter, schliefen später ein und wachten früher wieder auf. Bei ihnen funktionierte das natürliche Auf und Ab des Hallo-wach-Hormons Cortisol und des Schlafhormons Melatonin also nicht so recht. Was nichts darüber aussagt, ob es ihnen nicht vielleicht trotzdem wahnsinnig gut ging ...

In einer anderen Studie zeigte Helen Fisher, State University of New York, dass bei verliebten Menschen vor allem die Hirnregion aktiv ist, die Dopamin ausschüttet. Dieser Botenstoff kann rauschhafte Stimmungen auslösen, er spielt für die Gefühle der Motivation und Belohnung eine entscheidende Rolle. Trennen sich verliebte Menschen, fühlt sich das für einige an wie ein Drogenentzug. Andere erleben noch bei der Trennung hohe Dopamin-Ausschüttungen und fühlen sich dann sogar noch verliebter. Helen Fisher vermutet, dass romantische Verliebtheit »ein Motivationssystem und keine Emotion ist« – das sei evolutionär sinnvoll, weil es Menschen (genau wie anderen Säugetieren) dabei hilft, ihre Paarungsenergie auf ein ganz bestimmtes Gegenüber zu konzentrieren, und so letztendlich Energie zu sparen.[5] (So unromantisch kann Liebe klingen, wenn man Anthropologen fragt ...)

Dauert die Liebe länger als ein paar verliebte Tage, kommen die nächsten Hormone ins Spiel: der Blutdruckregulierer Vasopressin und das Kuschelhormon Oxytocin. Schon vor 25 Jahren hatte sich der US-amerikanische Neurologe Thomas R. Insel[6] gewundert, warum Präriemäuse monogam leben. Um herauszufinden, ob Oxytocin und Vasopressin etwas damit zu tun haben, verfütterte er diese Hormone und prüfte die Wirkung im Mäusegehirn. Überraschung: Oxytocin macht Mausweibchen monogam, Vasopressin macht Mausmännchen monogam, weil sie auf die Regionen im Gehirn wirken, die uns

Gefühle der Belohnung und Beruhigung schicken. Heute wissen wir, dass es bei menschlichen Männern ebenfalls das Kuschelhormon Oxytocin ist, das die Entscheidung, mit »nur« einer einzigen Frau zu leben, begünstigt. (Mehr dazu im Kapitel »Kuscheln, Küssen, Sex haben«.)

»Es gibt ein buddhistisches Sprichwort, in dem es darum geht, dass man, wenn man die eine Person trifft, nicht Gänsehaut fühlt, sondern eine tiefe innere Ruhe«, erklärt die Hormonexpertin Franca Parianen. »Das trifft es ziemlich gut«.[7]

Immer mehr Augenwischerei

Dass der Mensch sich verliebt, das ist wohl so, seit er auf die Weltbühne spaziert ist. Doch *wie* er sich verliebt, das hat sich im Lauf der Geschichte immer wieder verändert, und das ist auch von Land zu Land verschieden. Und weil dieses *Wie* auch heute noch so wichtig ist, es aber so oft übersehen wird, werfen wir an dieser Stelle einen kurzen Blick darauf:

Im 19. Jahrhundert galt für bürgerliche Töchter: immer schön der Reihe nach. Die Eltern bestimmten, wann es Zeit war, ein Ballkleid zu kaufen, dann wurde die Tochter »in die Gesellschaft eingeführt« – und zeigte damit ihren Entschluss, sich jetzt verbinden zu wollen. (Um nicht zu sagen: zu müssen.) Mit ein bisschen Glück erwischte sie einen Zipfel Verliebtheit. Aber darauf kam es nicht an. Viel wichtiger schien die Frage, ob eine Partnerschaft »standesgemäß« und das Fräulein Tochter damit unter die ordentliche Haube gebracht war.[8]

In dieser Zeit litten junge Menschen unter Gefühlen, die sie nicht haben durften: Gefühle für die »falsche« Person, Lust auf

Küssen und Lust auf Sex. Alles verboten. Und alles mit schweren Schuldgefühlen verbunden, weil Sex vor dem Sakrament der Ehe für die Kirche ein absolutes No-Go war. Eine Sünde.

Dann drehte sich die Sache um: Heute verliebt man sich zuerst, und dann entscheidet man sich irgendwann zu einer Paarbeziehung. Man leidet auch nicht an zu vielen Gefühlen, die man nicht haben darf. Man leidet eher darunter, dass man Gefühle nicht hat, die man (wenn man Instagram und Co. als Gebrauchsanleitung für das Leben liest) eigentlich pausenlos haben sollte. Man will sich glücklich fühlen, man will Lust auf Sex haben, man will sich am liebsten immer fühlen wie frisch verliebt – aber man fühlt diese Gefühle nicht. Weil man gestresst ist, weil man überarbeitet ist, weil man vor lauter Entscheidungsfreiheit gar nicht mehr weiß, wie man sich entscheiden soll.

Diese Freiheit ist heute (scheinbar) so groß wie nie zuvor. Noch in den 1980er Jahren hatten Freunde und Familienmitglieder die Hände im Spiel mit der Verliebtheit. Eine Studie der Universität Stanford zeigt, dass sich damals knapp 35 Prozent aller heterosexuellen Paare mit Hilfe gemeinsamer Freunde kennenlernten, jeder fünfte begegnete seiner besseren Hälfte mit Hilfe seiner Eltern und Geschwister. Nun wird gewischt: Seit 2017 finden sich 40 Prozent der Paare über digitale Plattformen. Verlieben ist heute wie Online-Shopping.[9]

Das macht die Sache einfacher: Auch Menschen mit ausgefallenen Wünschen haben die Chance, Mister oder Miss Right zu finden. Aber auch schwieriger: Wer weiß, dass der nächste mögliche Lieblingsmensch nur einen Klick entfernt sitzt, für den ist es leicht, sich um das herumzudrücken, was Liebe auch immer heißt: zweifeln und hoffen, sich selbst und seine Wünsche infrage stellen und infrage stellen lassen – und an diesen Herausforderungen wachsen. In der Welt der Dating-Apps kann man sich diese Wachstumsschmerzen sparen. Da heißt es wisch und weg und fertig. Wirklich fertig?

Wir verlieben uns immer ähnlich

Unabhängig davon, ob Sie die erste Liebe über eine App kennengelernt haben oder in einer Kassenwarteschlange im Supermarkt: »Die erste Beziehung ist ein Meilenstein in der Persönlichkeitsentwicklung im jungen Erwachsenenalter«, sagt Fran J. Neyer, der den Lehrstuhl für Persönlichkeit Psychologie an der Universität Jena leitet und seit mehr als 20 Jahren zu Beziehungen forscht.[10]

In seinen Studien hat er herausgefunden, dass der Selbstwert eines Menschen mit seiner ersten Beziehung immer zunimmt, dass sich die Persönlichkeit immer positiv weiterentwickelt: »Man kann als junger Mensch nur gewinnen, wenn man eine Beziehung eingeht.« Selbst, wenn diese erste Beziehung scheitert, bleibt das erhalten, was der Mensch durch seine erste Liebe gewonnen hat. Dann geht er oder sie los, versucht, sich neu zu verlieben und dabei all das richtig zu ma-

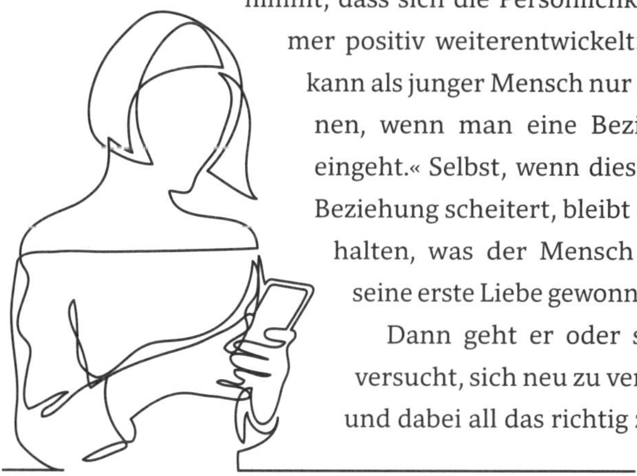

chen, was beim ersten Mal falsch gelaufen ist. Was viele nicht wissen: Das funktioniert nicht. Kann nicht funktionieren, denn oft gleicht die Persönlichkeit der letzten Partnerin oder des letzten Partners derjenigen des nachfolgenden Lieblingsmenschen mehr, als wir für möglich halten.

Studien zeigen, dass sich die Ähnlichkeit auf die sogenannten »Big Five« der Persönlichkeitsmerkmale bezieht: Offenheit, Gewissenhaftigkeit, Extraversion, Verträglichkeit und Neurotizismus. »Man hat einen gewissen Typ, was die Persönlichkeitsprofile angeht«, sagt Professor Neyer.

Wenn wir in unseren Beziehungen immer wieder an einem ähnlichen Punkt scheitern, heißt das also nicht, dass wir uns beim Verlieben verguckt haben. Es heißt, dass wir möglicherweise etwas anderes ändern müssen als gedacht: nicht unseren Suchfilter, sondern möglicherweise die Brille, mit der wir auf die Welt schauen – und auf uns selbst. Vielleicht ist sie zu rosa, vielleicht zu dunkel, vielleicht macht sie das nervende Kleinklein der Partnerschaft viel größer, als es ist. Wir kommen darauf zurück. Doch zuerst müssen wir die Frage klären: Liebe, was ist das eigentlich?

Liebe fühlen

Jede Liebe ist ein Kind ihrer Zeit. Wie sehr sich die Vorstellung von Liebe über die Jahre geändert hat und immer wieder ändert, zeigt sich (oft unfreiwillig komisch), wenn man alte Ratgeber für Paare durchblättert.

In den 1950er Jahren galt eine Liebe als perfekt, wenn der Mann den »Kopf« und die Frau das »Herz« der Beziehung darstellte. In den 1970er Jahren durfte dann auch die liebende Frau langsam mitdenken, und Hosen anziehen – die »Partnerehe« und die »partnerschaftliche Liebe« wurde in Westdeutschland denkbar, in der DDR war man schon früher darauf gekommen.

Alles so schön bunt hier

Im Vergleich zu den 1950er Jahren können sich Frauen und Männer heute relativ frei entscheiden, wie und mit wem sie leben wollen.

Wer die Wahl hat, der hat auch die Qual der Wahl. Single sein oder eine Partnerschaft leben? Heiraten oder nicht? Eltern werden oder ohne Kinder leben? Kinder adoptieren oder Pflegekinder aufnehmen? Eine Familie gründen, aber in zwei Wohnungen leben? Sich trennen, aber sich trotzdem gemeinsam um Kinder kümmern? Mit anderen Familien zusammenleben? Mit mehr als einer Partnerin oder einem Partner leben?

Während die Offenheit für verschiedene Lebensformen in vielen Teilen der Welt zurückgeht – sichtbar vor allem an der wachsenden Nicht-Akzeptanz von Homosexualität und Frauenrechten –, sind die Möglichkeiten für Partnerschaften und Familien hierzulande sehr bunt und vielfältig. Die unterschiedlichsten Lebensentscheidungen werden heute überall und überwiegend bejaht oder zumindest akzeptiert. Das gab es so noch nie.

Für jeden einzelnen Menschen heißt das aber auch: Er oder sie *muss* sich entscheiden und dann die Verantwortung für diese Entscheidung schultern. Das überfordert viele. Wie soll man als junger Mensch auch so genau wissen, wie man später leben möchte, und ob man sich dabei überhaupt mit dem Geschlecht wohlfühlt, das zufällig im Personalausweis steht?

Unsere Freiheit ermöglicht große Spielräume. Es gibt kaum noch Vorschriften, Verbindlichkeiten, Spielregeln. Das entlastet die Menschen, die sich früher arg verbiegen mussten, um den herrschenden Normen zu entsprechen, und die darunter sehr gelitten haben. Es belastet aber die Menschen, die sich von der Vielzahl der Optionen verunsichert fühlen. Die sich überfordert fühlen von der Notwendigkeit, in der Partnerschaft tausend Optionen auszudiskutieren – und bei jeder Entscheidung den Fehler ihres Lebens zu riskieren. Verantwortlich zu sein, wenn es schiefgeht. Schuld am Scheitern zu tragen. Ein Missverständnis, sagt Prof. Laszlo Vaskovics, ehemaliger Direktor des Instituts für Soziologie der Universität Bamberg.

> »Wenn Partnerschaften zerbrechen, Familien zerfallen, Erziehungs- und Bildungsziele nicht erreicht werden, wenn Kinder einen anderen Weg, sogar einen gefährdeten Weg einschlagen, dann stellt sich zunächst einmal die Frage nach der individuellen Schuld, und die Betroffenen sehen nicht, dass hier vielfach überindividuelle Bedingungszusammenhänge eine entscheidende Rolle spielen.«[11]

Das heißt: Wenn Paare und Familien (scheinbar) alles tun können, was sie *wollen*, dann *müssen* sie auch alles tun, um ihr Leben zu meistern. Mehr Freiheit heißt mehr Risiko und auch mehr Erfolgsdruck. Und diesen Druck machst Du, machen Sie, machen wir uns nicht selbst – der kommt von außen.

Fakt ist, und das sagt auch Vaskovics: »An die Partnerschaft werden so hohe Anforderungen gestellt wie nie zuvor.« Ist das der Grund, warum es die Liebe heute so schwer hat? Vermutlich. Gleichzeitig hat es die Liebe schwer, weil sie immer wieder mit Backlashes zu kämpfen hat.

Wer kommt hier vom Mars?

Es geht immer hin und her: Mal wirft eine Gesellschaft überkommene Vorstellungen über »richtige« Frauen und Männer über Bord. Dann werden sie wieder aus der Klamottenkiste gekramt. So ging es nach revolutionären Aufbrüchen in den 1920 und 1970er Jahren hierzulande seit den 1990ern in den Rückwärtsgang.

Plötzlich wurde die Verschiedenheit der Geschlechter ganz wichtig. Die Thesen: Männer kommen vom Mars, Frauen von der Venus. Männer können nicht zuhören, Frauen nicht einparken. Männer vergessen die Kinder im Baumarkt, Frauen kapieren nicht, wie man Geschirr von zwei Tagen locker in eine Spülmaschine stopft. Männer sollen, bitte, endlich empathischer sein und Frauen irgendwie cooler.[12]

Unter dem Deckmantel der Ironie wurden verstaubte Vorstellungen von Liebe, Ehe und Partnerschaft ausgegraben und – ähnlich wie vor Jahrhunderten – die Unterschiede von Mann und Frau wieder einmal naturalisiert und jetzt auch noch spiritualisiert. »Für mich«, hieß es da zum Beispiel, »ist die

Rückkehr zu unserem Urfrausein und Urmannsein das wirkliche Abenteuer, um das es in unserem Leben geht.«[13]

Ur-frau? Ur-mann? Was soll das sein? Fragt man Archäologen, war die Sache mit den zwei Geschlechtern schon in der Frühzeit nicht so eindeutig. Woher man das weiß? In so manchem Grab, in dem eine genetisch eindeutige Frau lag, fand man als Grabbeigaben Männersachen. Und umgekehrt ... Was braucht es zum Glück: Klarheit in Geschlechterfragen? Oder mehr Offenheit und Bereitschaft, Unklarheit auszuhalten?

Glücklich sein. Was heißt das überhaupt?

»Glücklich als Paar – glücklich als Familie.« Wir sind glücklich mit unserem Buchtitel. Aber wir sehen auch: Die Sache mit dem Glück kann man missverstehen. Man kann sie als Zusatzaufgabe missverstehen, als Glückspflicht, als Statussymbol, das man jetzt eben auch haben muss. Hat man es nicht, ist irgendwas schiefgelaufen im Leben.

So meinen wir es nicht. Wir sehen in der Praxis, was der »demonstrative Glückskonsum«[14] in den sozialen Medien mit jungen Menschen anrichtet. Sie fühlen sich schlecht, benachteiligt. Haben den Eindruck, sie müssten noch mehr arbeiten, nicht nur im Job, auch an ihrem »Mindset«, das sie einfach noch nicht ausreichend eingenordet haben auf »happy«. Natürlich hat das Gefühl von Glück auch etwas mit der persönlichen Einstellung zu tun. Besonders treffend hat das Sir Francis Bacon auf den Punkt gebracht, als er sagte:

> Nicht die Glücklichen sind dankbar.
> Es sind die Dankbaren, die glücklich sind.

Dass Glück als reine, als mentale Einstellungssache gilt, passt in unsere leistungsorientierte Zeit. Reale Ungerechtigkeiten, ungünstige Rahmenbedingungen und Schicksalsschläge werden gerne ausgeblendet. Lieber glauben wir, alles sei »machbar«. Eben auch Glück. Doch das stimmt nicht.

Nicht jede Liebe ist nur Glück, sie kann sich auch anfühlen wie eine Fahrt auf der Achterbahn. Nicht jede Krise ist immer eine Chance, sie kann auch eine Belastung sein, ein Schicksal, das hauptsächlich wehtut.

Der niederländische Psychologe Egon Dejonckheere konnte gerade in einer Studie zeigen, dass Menschen in Ländern, die gemäß des »World Happiness Index« als besonders glücklich gelten, paradoxerweise besonders schlimm dran sind, wenn es ihnen mal schlecht geht. »Ein hohes nationales Glücksniveau kann für einige Menschen Nachteile haben«, schreibt Dejonckheere.[15] Andere Studien zeigen, dass Menschen in einer gesellschaftlichen Stimmung, die negative emotionale Zustände immerzu ablehnt, mit persönlichen Rückschlägen schlechter zurechtkommen.[16]

Glück ist ein sehr persönliches Gefühl, und Liebe auch. Niemand sollte einem anderen vorschreiben, was Glück und Liebe bedeuten, wie sie sich anfühlen und ob genug davon da ist. Das muss jeder selbst wissen, selbst fühlen. Jeder sollte wissen, dass die Umstände manchmal so verflixt schwierig sind, dass es Glück und Liebe schwer haben, dass solche Phasen zu jedem Leben dazugehören – und dass sie nichts zu tun haben mit Inkompetenz, Disziplinlosigkeit, Versagen. Manchmal läuft es eben nicht rund im Leben. Dass das bei Frauen häufiger passiert als bei Männern, ist kein Zufall. Und das hat ganz archaische Gründe.

Warum die Welt für so viele Frauen so wenig funktioniert

Ein ungeborenes Baby braucht Schutz, weil negative Einflüsse auf die Mutter während der Schwangerschaft gravierend negative Einflüsse auf die Entwicklung der Kinder haben.[17] Eine schwangere Frau braucht Schutz. Eine Frau mit Baby braucht Schutz. Eine Frau mit kleinen Kindern braucht Schutz. Ganz gleich, ob sie Kinder hat oder nicht: Jede Frau braucht Schutz vor Übergriffen. Natürlich braucht auch jeder Mann Schutz vor Übergriffen – doch die Zahlen sprechen für sich:

Eine Studie des Instituts für Angewandte Sexualwissenschaft der Hochschule Merseburg aus dem Jahr 2020 zeigt, dass sich rund 89 Prozent der Frauen sowie rund 88 Prozent der Befragten mit der Geschlechtsidentität divers schon mindestens einmal sexuell belästigt gefühlt haben – dagegen »nur« rund 29 Prozent der männlichen Befragten.[18]

»Es ist verhext«, sagt Katherine Angel, die gerade das Buch *Morgen wird Sex wieder gut. Frauen und Begehren* geschrieben hat. Einerseits sollen sich Frauen heute nicht als schwach und verletzlich begreifen, sie sollen sich nicht als Opfer sehen, sie sollen stark sein und selbstbewusst. Und doch wird ihnen immer wieder Gewalt angetan. Und jetzt? »Es ist nicht an der Frau, sich hart, stark und unverwundbar zu machen«, sagt Angel. »Es ist an der Welt, Frauen nicht wehzutun. Ich möchte sagen, jeder Mensch ist auch schwach und verletzlich. Männer auch. Auch sie haben ihre Wunden davongetragen.«[19]

Hilfe bei häuslicher Gewalt

Im Jahr 2021 ist es vermehrt zu psychischen und körperlichen Misshandlungen, zu Vernachlässigung von Kindern und zu sexueller Gewalt gekommen.[20] Wichtig zu wissen: Nicht diejenige Person, die einer anderen Person Gewalt antut, darf bestimmen, wo ihre Schmerzgrenze liegt - sondern immer die betroffene Person selbst. Und: Je enger sich die Familienmitglieder miteinander »verschmolzen« fühlen, desto höher liegt das Gewaltpotenzial.[21] Was tun, wenn's knallt? Hilfe holen. Und zwar hier:

- Informieren Sie bei Gewalt in Familien die Polizei unter 110.
- Anonyme Telefonseelsorge: 0800/1110111 und 0800/1110222
- Elterntelefon der »Nummer gegen Kummer«: 0800/1110550
- Hilfetelefon Sexueller Missbrauch: 0800/2255530 oder Online-Beratung unter nina-info.de

- Kinder- und Jugendtelefon der »Nummer gegen Kummer«: 0800/1110333
- Kinder- und Jugendtelefon: 116111

Von »Sünde« oder gar »Schande« spricht man vor allem in den Familien nicht mehr, die sich frei gemacht haben von den strengen Vorstellungen der drei Buchreligionen Christentum, Judentum und Islam. In strenggläubigen Familien dagegen wird auch heute Druck auf junge Frauen und Männer ausgeübt, auch heute noch kommt es zu Zwangsheiraten und zu sogenannten »Ehrenmorden«. Informationen des Familienministeriums für Betroffene unter

- www.hilfetelefon.de
- Telefon 0800/116 016

Der Fehler sitzt in der Struktur - nicht in der Frau

Die Verwundbarkeit, die Verletzlichkeit von Frauen war über Jahrhunderte eingebunden in eine Kultur, die Frauen die Rolle der »Sanftmütigen« gab und Männern die Rolle der »Beschützer«.[22] Dieses Arrangement bot Frauen einerseits Schutz (wenn auch nicht immer, nicht überall). Andererseits war der Preis, den Frauen für diesen Schutz bezahlten, hoch: sie hatten in den Familienstrukturen zwar ihren (scheinbar) sicheren Ort, aber nichts zu sagen, nichts zu entscheiden, keinen Einfluss.

Diese Rollenverteilung bestand so lange und war für die damalige, klar männlich dominierte Gesellschaft so von Vorteil, dass sie von der Kirche für gottgegeben erklärt wurde. Und von der Wissenschaft für »natürlich« oder »biologisch«.

So grub sich die Vorstellung der »untergeordneten«, der »schwachen« Frau überall sehr, sehr tief ein: in die Familientraditionen, die Schulen, die Erziehung, die Steuersysteme, die Mode, die Medizin, die Sprache. Überall. Bis heute.

Bis heute kümmern sich Frauen mehr um die Familie als Männer. Bis heute benachteiligen die Steuersysteme Frauen, bis heute wird in der Medizin mehr an Männern geforscht, sodass man typische Frauenkrankheiten noch immer nicht verstanden hat und auch heute noch viele Frauen sterben, wenn sie mit Krankheiten ins Krankenhaus kommen, die man für typisch männlich hält. Herzinfarkt zum Beispiel.[23]

Der Unterschied ist, dass Frauen heute sehr wohl eigene Entscheidungen treffen können, eigenes Geld verdienen können, dass sie leben und lieben können, wie es ihnen gefällt. Doch diese Freiheit ist ein wenig vergiftet. Denn sie kommt *dazu*. Sie gilt *zusätzlich* zu den jahrhundertealten Aufgaben, die die Mehrzahl der Frauen immer noch überwiegend allein erledigt. Das macht müde.

Doch statt sich diese Müdigkeit zuzugestehen, meinen viele Frauen, während der Erledigung ihrer eigentlich nicht zu schaffenden Aufgaben immerzu frisch auszusehen und sich glücklich fühlen zu müssen. Damit sind sie vielleicht noch schlechter dran als ihre Mütter, Großmütter und Urgroßmütter.

Deren Selbstwertgefühl gründete sich oft felsenfest auf ihrer Position in der Familie, im Dorf, in der Stadt. Dass es diese durchaus angesehenen Positionen als »Hausfrau« oder als »Zahnarztfrau« nicht mehr gibt, ist einerseits eine Errungenschaft – denn welche Frau möchte heute nur der Sidekick eines erfolgreichen Mannes sein? Andererseits: Es ist nicht leicht, ohne festen Boden unter den Füßen durchs Leben zu laufen. Selbst erfolgreich sein zu müssen im Job. *Und* als Mutter. *Und* in der Liebe.

»Das Selbstwertgefühl vieler Frauen hängt heute an der Frage, ob ihre Liebe gelingt.«[24] Gelingt sie nicht oder nur schwer, fühlen sich viele Frauen so, als hätten sie falsche Entscheidungen getroffen. Als hätten sie nicht genug an sich selbst gearbeitet. Als seien sie nicht *tough* genug, nicht glücklich genug, und überhaupt: insgesamt *nicht genug.*

Dabei liegt das Problem in den allermeisten Fällen nicht bei den Frauen selbst. Sondern bei den Spielregeln, die immer noch auf Männer zugeschnitten sind und den Frauen nun einen doppelt so hohen Stapel »Ereigniskarten« zuschieben, und dann auch noch ein schlechtes Gewissen, wenn sie irgendwann knallerschöpft auf dem Sofa liegen. Eva Illouz schreibt:

> »Eine Enttäuschung gilt stets als Folge unrealistischer Erwartungen, doch wird die Struktur des Realen, die diese Erwartungen unrealisierbar macht, nie in Frage gestellt.«[25]

Ihr Buch *Warum Liebe weh tut* erschien 2016. Es war nicht zuletzt die Erfahrung der Pandemie, die langsam zu einem Umdenken führte. In den sozialen Medien findet man hier und da schon erste Stimmen gegen den Terror des Immerpositiven, Immerglücklichen, des Immerperfekten. Es wird geweint, geschimpft, geflucht – wobei auch das wieder Klicks bringt ... Es ist nicht leicht, dem Spiel zu entkommen.

Und es ist für viele Frauen kaum auszuhalten, wenn sie für ihren unermüdlichen Einsatz für ALLES nur wenig oder überhaupt keine Anerkennung bekommen. So wenig Respekt. Dieser Mangel an Achtung, auch an Honorar, lässt sich nicht einfach mit einem Mehr an Eigenliebe ausgleichen. Mit einem Mehr an Achtsamkeit. Da bleibt das nagende Gefühl, zu kurz gekommen zu sein. Das Spiel funktioniert so nicht. Funktioniert es auch für Männer nicht?

Wann ist ein Mann ein Mann?

Ja, es stimmt, dass Männer im Schnitt immer noch mehr Gehalt bekommen als Frauen. Ja, es stimmt, dass sie sich im Schnitt weniger um die Kinder kümmern, um kranke Verwandte, um die Wäsche, den Hausputz und darum, ob die Milch noch übers Wochenende reicht. Aber geht es ihnen deshalb auch besser? Nein.

Zwar stehen auch Männer nicht mehr so unter dem Druck traditioneller Vorstellungen, wie denn nun ein Mann zu sein hat und wie nicht. Kein Mann muss sich mehr mutig, mächtig und machohaft aufspielen, um ernst genommen zu werden. Kein Mann muss mehr den alten Nietzsche-Spruch glauben, der heute so gar nicht mehr witzig klingt, aber der ganz gut zeigt, welche Stimmung im 19. Jahrhundert herrschte: »Das Glück des Mannes heißt: ich will. Das Glück des Weibes heißt: er will.«[26] Furchtbar …

Im Gegenteil weiß man heute, dass es Männern, die traditionellen Männerbildern besonders anhängen, seelisch schlechter geht als Männern, die auch mal über ihre Gefühle sprechen, die nicht immer alles allein schaffen müssen, und die sich nicht nur dann gut fühlen, wenn sich ihnen eine Frau unterordnet.[27]

Es klingt paradox, aber es ist so: Im Laufe der Geschichte unserer männerdominierten Gesellschaft wurden tatsächlich Männerbilder durchgesetzt, die Männer krank machen. Es ist der Preis, den sie dafür zahlen, dass sie, und nur sie, über Jahrhunderte an den gesellschaftlichen Positionen gesessen haben, die mit Macht verbunden sind. Diese Zeiten sind zum Glück vorbei: Seit 1918 gibt es das Frauenwahlrecht in Deutschland, seit 1977 das neue Eherecht, das Frauen nicht mehr auf die Rolle als Hausfrau festnagelt, seit 2021 sind Frauenquoten in den Vorständen der Unternehmen verpflichtend.

Die Spielregeln haben sich auch für Männer verändert. Es sind mehr und andere Rollen möglich geworden. Männer gehen, anders als ihre eigenen Väter, Großväter und Urgroßväter, ganz selbstverständlich mit ihren Babys im Tragetuch spazieren, Männer holen die Kinder aus der Kita, Männer können Spaghetti kochen und Socken aufhängen. Doch vielen fällt das nicht so leicht, wie es klingt. Viele fühlen sich verunsichert. Viele sind auf der Suche nach der richtigen Rolle zwischen Küche, Kindern und Karriere – und geraten dabei ins Gehege ihrer Partnerinnen, von denen einige an einem traditionellen Mutter-

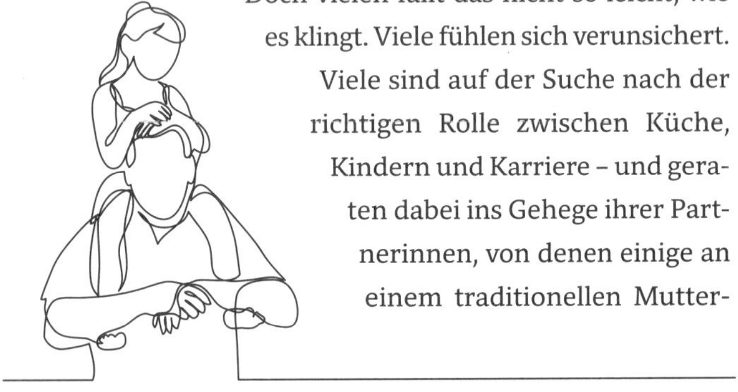

bild festhalten wollen, in dem nicht viel Platz ist für einen aktiven Vater. Dann kommt es zu Streit – und die Liebe fühlt sich nicht mehr nach Liebe an. Was passiert mit einer Beziehung, wenn die Liebe verschwindet?

Liebe ist ein Gefühl, Partnerschaft ist eine Entscheidung

Liebe ist ein schwankendes Gefühl. Wenn wir morgens einen Kaffee ans Bett gebracht bekommen, wenn wir am Abend gemeinsam in den Sonnenuntergang schauen, kann uns das Gefühl der Liebe Schauer über den Rücken jagen. Und wenn der Partner Magen-Darm-Grippe hat? Wenn das Baby nicht aufhört zu schreien? Und dann auch noch die Schwiegermutter meckert? Dann ist es kein Wunder, wenn sich das Verliebtheitsgefühl ganz still in eine Ecke verkrümelt. Dass wir die Liebe schmerzlich vermissen.

Genau dieses Vermissen ist ein gutes Zeichen. Denn dass uns die Liebe fehlt, merken wir nur, weil wir sie wiederhaben wollen. Und das zeigt, dass uns die Partnerin oder der Partner noch immer viel bedeutet.

Dass sich das Verliebtheitsgefühl im Laufe der Jahre verändert, ist völlig normal. In den ersten Tagen und Wochen hat man Schmetterlinge im Bauch. Später entwickeln sich Routinen. Wenn man jung ist, wünscht man sich vielleicht eine besonders aufregende Beziehung und legt nicht so viel Wert auf Sicherheit. Später werden Sicherheit und Stabilität wichtiger als verrückte Verliebtheit. Bei manchen Menschen verläuft die Kurve auch umgekehrt: Zuerst suchen sie nach Beständigkeit und später nach Liebesabenteuern. Und wieder andere folgen traditionellen Skripten: Hochzeit, Haus bauen, einer macht Karriere, der andere zieht zwei Kinder auf, und jeden Sommer drei Wochen ans Meer.

Das Gefühl der Liebe verändert sich von Tag zu Tag und im Laufe der Jahre, das ist völlig normal. Das ist kein Grund zur Sorge und erst recht kein Grund, direkt Schluss zu machen.

Dass Schmetterlinge im Bauch den Beginn einer glücklichen Partnerschaft begünstigen, stimmt zwar, aber mit Schmetterlingen allein ist das Bild noch nicht vollständig. Partnerschaft ist nicht nur ein Gefühl, ist nicht nur Liebe, sondern ist auch eine Entscheidung. Eine Entscheidung füreinander, eine Entscheidung, miteinander durch dick und dünn zu gehen.

Liebe passiert, Beziehung ist Arbeit,[28] hat die Paar- und Sexualtherapeutin Nele Sehrt ihr Buch genannt. Das bringt die Sache sehr gut auf den Punkt. »Eine Partnerschaft ist eine der größten Herausforderungen, die es gibt«, sagt Sehrt. »Kein an-

derer Mensch steht uns so nah und fordert uns so sehr in unserer Entwicklung heraus. Die Grundhaltung, dass man sich für die Partnerschaft entschieden hat und die Liebe mal mehr und mal weniger da sein darf, lässt uns dieser Herausforderung deutlich entspannter begegnen.«[29]

Auch wenn es auf Instagram und Tinder anders aussehen mag: Es geht in der Liebe nicht nur um Attraktivität, nicht nur um Sexualität, nicht nur um den täglichen Kick fürs eigene Ego. Es geht auch um eine starke innere Haltung, es geht um persönliches Ethos, es geht um ein gegenseitiges Pflichtgefühl. Es geht um die Freude, jeden Tag füreinander zu sorgen, und die Bereitschaft, sich in der Partnerschaft jeden Tag das zu schenken, was im Alltag so oft untergeht: aufrichtige Anerkennung.

Was Frauen von Männern wollen

Anerkennung ist so etwas wie Wertschätzung für das, was wir tun, was wir machen. Respekt jeden Tag. Der geht bei vielen Paaren im Laufe der Jahre verloren, und darunter leiden vor allem Frauen. Warum vor allem Frauen?

Weil – in der traditionellen Rollenverteilung zwischen Mann und Frau – Männer in ihren Lebensbereichen, also im Job, in ihren Vereinen, in der Politik, Anerkennung von Männern *und* von Frauen bekommen.[30] Frauen dagegen bekommen traditionell weder Anerkennung von anderen Frauen, noch von ihren Kindern, aufgrund ihrer wenig prestigeträchtigen Positionen auch nicht im Beruf und oft auch nicht von ihren eigenen Partnern. Das klingt nach Klischees – aber schauen wir uns um: Ist es nicht trotzdem so?

Vieles, was Frauen Tag für Tag stemmen, bleibt unsichtbar: der Lebensmitteleinkauf, die Ladung Wäsche, an Geburtstage denken, den alternden Eltern helfen, Klassenlektüre bestellen, Tomaten gießen, schon wieder größere Hallenturnschuhe besorgen, Lunchpakete packen, um Mitternacht auf der Bettkante sitzen, um mit dem Sohn über Liebeskummer zu sprechen, und nachts um drei Uhr den Drucker neu installieren, weil die Tochter morgen ihr Referat abgeben muss.

Das alles ist viel, viel Arbeit. Und diese Arbeit ist weder sichtbar, noch wird sie honoriert. Wenn in traditionell organisierten Partnerschaften der Mann sehr viel mehr verdient als die Frau, dann ist sein Ergebnis deutlicher sichtbarer: sein Haus, sein Auto, sein Urlaub.

Und auch das hat gute Seiten:All das bietet der Person (das muss nicht immer die Frau sein), die in einer Beziehung weniger verdient, einen Raum, in dem sie oder er sich aufgehoben und geschützt fühlen kann. Das sollte nicht unterschätzt werden. In vielen Partnerschaften wünscht sich eine Hälfte genau das: sich aufgehoben fühlen, sich geborgen fühlen, eine starke Schulter zum Anlehnen. Finanzielle und emotionale Sicherheit. Beständigkeit. Verlässlichkeit.

Den »Rahmen halten«

Die Metapher »Rahmen halten« zeigt sehr anschaulich, welche Rollen zwei Menschen in einer Partnerschaft einnehmen können:

- **Wirtschaftlicher Rahmen**: In einer Partnerschaft verdient häufig eine Person mehr oder sogar viel mehr als die andere. Diese

Person hält den wirtschaftlichen Rahmen. Sie schafft Monat für Monat die finanzielle Grundlage für das gemeinsame Leben herbei, kümmert sich um Rechnungen, um Versicherungen. In vielen Partnerschaften spielt der Mann diese Rolle - heute jedoch längst nicht mehr überall.

- **Emotionaler Rahmen**: Dann gibt es in der Partnerschaft häufig eine Person, die das gemeinsame Leben, also den Alltag organisiert, die soziale Kontakte aufrechterhält, die vorausschauend Kleider- und Kühlschränke gefüllt hält. Und die jedes Mitglied der Familie oder Wohngemeinschaft fragt: »Wie geht es Dir?«, und häufig auch noch einen Blick darauf hat, ob jeder ausreichend schläft, aufräumt und an die frische Luft geht. Oft, nicht immer, übernimmt eine Frau diese Aufgabe.

Dass es nicht eine Frage der Biologie, der Gehirnkonstruktion oder der Hormone ist, welches Geschlecht welchen Rahmen hält, zeigt sich an den vielen Paaren hierzulande, die Partnerschaft anders leben als das traditionelle Modell. Könnten Frauen naturgegeben immer nur für das Emotionale zuständig sein, gäbe es keine wirtschaftlich erfolgreichen Frauen und erst recht keine erfolgreichen Frauen in gleichgeschlechtlichen Beziehungen – die gibt es aber durchaus. Es gäbe auch keine Single-Männer oder Männer in gleichgeschlechtlichen Beziehungen, die eigenständig an Geburtstage denken und daran, rechtzeitig Brot zu kaufen – und natürlich gibt es auch diese.

Dennoch: Statistisch gesehen kommen Männer schlechter zurecht, wenn keine Frau einen schützenden Rahmen um sie zimmert, der ihnen Halt gibt. Single-Männer leben im Schnitt tatsächlich kürzer als verheiratete Männer.[31] Der Grund: Männliches Single-Sein geht oft mit einem ungesünderen Lebensstil einher: mehr Nikotin, mehr Alkohol, mehr Unfälle. Doch weiß man heute auch, dass nicht nur das Geschlecht eine Rolle spielt, sondern auch die Bildung: wenn ein Akademiker-Mann verheiratet ist, lebt er statistisch länger als eine Single-Frau ohne Schulabschluss.[32]

Und doch: Biografien großer Künstler zeigen eindrucksvoll, wie Männer ins Schlingern geraten, wenn keine Frau da ist, die sich kümmert. Dabei erfordert das emotionale Rahmen halten von diesen Frauen oft mehr Kraft, als sie eigentlich haben.[33] Ein guter »Deal« ist die Arbeitsteilung in Rahmenhalterin und verrücktes Genie also für beide Geschlechter nicht.

Besser läuft es, wenn auf beide Verlass ist. Laut der Partnervermittlungsplattform *Parship* (sie verspricht »Dating« mit »mehr Respekt, Authentizität, Verbindlichkeit und Spaß«[34]), wünschen sich Frauen von Männern genau das vor allem: Verlässlichkeit.

> »Der Spruch ›ein Mann, ein Wort‹ bedeutet ihr etwas und fasst gut zusammen, was Frauen wollen. Etwa, dass er nicht mehr verspricht, als er halten kann. Dass er weiß, wie wichtig es ist, zu seinem Wort zu stehen, in kleinen wie in großen Dingen.«

Laut Parship finden Frauen es auch schön, wenn die Männer Humor haben, wenn sie lebenslustig sind. Der Alltag ist oft grau genug, da tut lachen gut. Ein bisschen Zärtlichkeit tut gut. Und auch schadet es nicht, wenn die Männer aufmerksam sind. Zum Beispiel »Türaufhalten«, »in den Mantel helfen«. Das mag dem ein oder anderen altmodisch vorkommen, tut vielen Frauen aber meist gut. (Im Zweifelsfall: fragen!) Und natürlich ist es schön, wenn sie auch sehen, dass der Mülleimer voll ist und zur Tonne gebracht werden könnte. Die Parship-Liste[35] liest sich insgesamt so:

Frauen wünschen sich ...

1. Verlässlichkeit
2. Humor
3. Vertrauen
4. Ehrlichkeit
5. Männlichkeit
6. Treue
7. Aufmerksamkeit
8. Großzügigkeit
9. Zärtlichkeit
10. Lebenslust

Es ist uns bewusst, dass diese Liste nicht auf einer wissenschaftlichen Erhebung basiert. Angesichts von 470.000 Usern dieser Plattform (vor der Pandemie waren es 1,24 Millionen!) finden wir die Einschätzung der Dating-Experten dennoch interessant.[36] Und dass Sex in dieser Liste komplett fehlt, halten wir für erstaunlich.

Was Männer von Frauen wollen

Jetzt andersrum: Was wollen denn die Männer von Frauen? In unseren Seminaren lautet die Antwort meistens: körperliche Nähe. Sex.

Wir nennen es manchmal provokant: »Sex und Service«. Wobei nicht gemeint ist, dass irgendein Mann von vorne bis hinten bedient werden müsste. Das 19. Jahrhundert ist vorbei.

Service kann auch sein, wenn eine Partnerin zu ihrem Partner sagt: »Deine Mutter hat bald Geburtstag. Geh doch mal los und kaufe ihr ein Geschenk.« Service kann aber auch heißen, dass sie ihm glasklar sagt, was sie von ihm möchte. Denn, so schön es auch wäre: Gedankenlesen können Männer meistens nicht. (Und Frauen auch nicht.)

Wenn ich, Helmut Flecks, an dieser Stelle einmal von mir sprechen darf: Für mich sind Männer die geborenen Wunscherfüller. Wenn Frauen uns Männern wirklich sagen, was sie wollen, ermöglichen sie uns, ihnen ihren Wunsch zu erfüllen. Und das macht uns Spaß. Ich fühle mich gut, wenn ich meiner Frau Wünsche erfüllen darf. Das gibt mir Kraft. Es klingt vielleicht ein bisschen nach Comicheft – aber dann kann ich mich fühlen wie ein »Held«.

Und das ist nicht nur mein persönliches Erleben, das bestätigt auch eine Studie der Rutgers Universität New Jersey. Ein Team um die Soziologin Prof. Deborah Carr konnte nachweisen, dass das Glück der Männer in einer Ehe stark vom Glücksgefühl der Frau abhängt – aber nicht umgekehrt! Die Zufriedenheit des männlichen Partners wächst, wenn seine Frau sagt, dass sie mit der Partnerschaft zufrieden ist.[37] Wenn also ein Wunsch erfüllt, ein Gefallen getan wird, dann trägt das zur Steigerung der Beziehungszufriedenheit bei. Von der letztendlich beide Partner profitieren.

Natürlich bin ich auch dankbar, wenn meine Frau den Überblick behält über das, was im Kalender steht und im Kühlschrank fehlt. Sie gibt mir so einen »Rahmen« der Sicherheit, in dem ich meine Kraft für Partnerschaft und Familie voll einsetzen kann. Um diesen Rahmen zu halten, muss sie selbstsicher sein. Und wenn ich vor lauter Konzentration auf meine Arbeit (mal wieder!) den Gang zum Blumenlanden, zum Bäcker oder zum Altglas vergesse, wünsche ich mir Verständnis. Und natürlich wünsche ich mir auch Intimität – da trifft die Parship-Liste ins Schwarze:

Männer wünschen sich ...

1. Selbstbewusstsein
2. Verständnis
3. Sex
4. Freundschaft
5. Fürsorglichkeit
6. Natürlichkeit
7. Humor
8. Anerkennung
9. Geborgenheit
10. Unterstützung

Warum tauchen Verlässlichkeit, Vertrauen und Treue in dieser Männerliste nicht auf? Weil es in unsere Zeit passt. »Weil das Gebot der Autonomie das Gebot der Anerkennung triumphiert«, schreibt Eva Illouz.[38] Unabhängigkeit, Freiheit, Selbständigkeit gelten heute als hoch attraktiv – übrigens für Männer und für Frauen. Dass es die Liebe in einer solchen Zeit schwer hat, liegt auf der Hand.

Denn zur Liebe gehören Hingabe, sich öffnen, sich fallen lassen dazu. Das zu tun, kann sich riskant anfühlen. Nicht jeder ist bereit, dieses Risiko einzugehen. Und manch einer schützt sich (vermeintlich) vor Kränkung und Zurückweisung, indem er von vornherein überhaupt nichts von seiner Partnerin oder seinem Partner erwartet. Die US-amerikanische Paartherapeutin Mira Kirshenbaum nennt dies die »Erwartung-gleich-null-Falle«. Und diese hat mit Wertschätzung zu tun, erklärt der Psychiater und Neurologe Prof. Reinhard Haller:

> »Aus einem Teufelskreis - je weniger ich erwarte, desto weniger gebe ich von mir, je weniger ich gebe, desto weniger bekomme ich, je weniger ich bekomme, desto weniger erwarte ich - resultieren Interesselosigkeit an gemeinsamen Unternehmungen, Rückzug, Langeweile und letztlich auch Null-Respekt.«[39]

Eine glückliche Partnerschaft kann also nur dann gelingen, wenn beide »Hälften« das Risiko eingehen, sich der anderen Person so weit zu öffnen, dass sie Unglück riskiert. So ist es nun einmal. Wer Liebe gewinnen will, muss Liebe wagen.

Eine Partnerschaft ist (jedenfalls meistens) kein Wagnis, in das man sich kopfüber stürzt, ohne nachzudenken. Im Gegenteil: Gerade zu Beginn einer Beziehung steht das gemeinsame Nachdenken, das nächtelange Reden, das Ausmalen gemeinsamer Träume.

Gemeinsame Ziele definieren

Wenn sich zwei Menschen zusammenfinden, passiert das in aller Regel in bester Absicht: man möchte zusammen glücklich sein, vielleicht auch erfolgreich, vielleicht möchte man auch gemeinsam Kinder haben, am besten glückliche und vielleicht auch erfolgreiche. Nur: Wie das genau gelingen soll, darüber sprechen erstaunlich viele Paare zu Beginn ihrer Beziehung erstaunlich wenig.

Welche Aufgaben stehen eigentlich jeden Tag auf der Liste? Wer macht was? Wer kann was besser? Wem fällt was leichter? Wie stellen wir uns die gemeinsamen Weihnachtsfeste, Sommerurlaube und Karrieren überhaupt vor? Und wenn Kinder kommen sollen: Wer bleibt dann wie lange zu Hause? Wer kümmert sich um die Betreuung? Wer bezahlt was? Ist es in Ordnung, wenn die eigenen Eltern – also Oma und Opa – die Kinder mehrmals wöchentlich übernehmen? Oder handelt man sich damit nur noch mehr Stress und Konflikte ein? Wollen wir ein eigenes Haus? Ein Auto? Oder ganz anders leben?

Also, größer gedacht: Haben wir gemeinsame Visionen, haben wir Ziele, wo soll es hingehen? Dabei geht es mehr um die Ausrichtung als das tatsächliche Erreichen der Ziele.

Die Frage nach den gemeinsamen Zukunftszielen ist immer relevant, und sie wird immer wieder neu wichtig. Zum Beispiel bei Paaren, die schon lange zusammen sind und die in eine neue Lebensphase eintreten: nach dem Auszug der Kinder, nach dem Umzug in eine andere Stadt, nach einem Karriereabschnitt. Es geht dann darum, als Paar eine neue gemeinsame Richtung zu finden. »Wo wollen wir jetzt hin, welche Vorstellungen verbinden uns jetzt?«

Es geht immer wieder um all das, was in der Zukunft liegt. Doch in unserer Praxis erleben wir, dass Menschen in einer Partnerschaft gerade die besonders wichtigen Fragen nicht besprechen. Sondern stattdessen glauben: »Bestimmt will er oder sie alles auch so wie ich. Weil wir uns lieben.«

Dieses Nicht-Reden, dieses Nur-Vermuten ist die beste Basis für Missverständnisse, Enttäuschungen, Frust. Auch beim heißesten Eisen, über das Paare zwar viel nachdenken, über das sie aber offenbar so wenig sprechen (oder, nach traditioneller Vorstellung, nicht sprechen *sollen*?), dass eine Partnerschaftsanbahnungsplattform wie Parship meint, es interessiere zumindest einen von zwei Partnern überhaupt nicht:

Sex.

Kuscheln, Küssen, Sex haben

Die meisten Paare schauen ganz verblüfft, wenn wir sie in Seminaren oder Therapien ganz direkt fragen: »Wie viel Sex haben Sie eigentlich?«

Oft haben wir den Eindruck, dass, wenn die körperliche Nähe bei einem Paar verloren geht, auch die Bindung verloren geht. Das heißt nicht, dass Paare keine emotionale Bindung ohne Sex und ohne Hautkontakt aufbauen können. Aber es scheint schwerer zu sein. Vor allem scheint es für Männer schwerer zu sein, keinen Sex zu haben. Oder – zumindest aus ihrer Sicht – zu wenig Sex. Warum? Das Bindungshormon Oxytocin hat hier seine Finger im Spiel – besser bekannt als »Kuschelhormon«.

Wie Oxytocin die Liebe steuert

Oxytocin ist ein winziges Molekül. Es besteht aus nur neun Aminosäuren (Eiweißbausteinen), hat aber durchschlagende Wirkung, weil es unser Wahrnehmen und Denken, Fühlen und Handeln tatsächlich »umprogrammiert«.

Woher das Kuschelhormon kommt? Aus unserem eigenen Kopf. Wir Menschen produzieren Oxytocin im Hypothalamus, in der Hirn-Steuerzentrale. Von dort aus wandert es in andere Gehirnteile, wo es sich an bestimmte Schaltstellen (Rezeptoren) anheftet und uns – messbar! – verändert.

Wir wissen heute, dass die großen Mengen Östrogen (das ist das weibliche Sexualhormon), die in den letzten Schwangerschaftswochen durch den Körper strömen, einen erstaunlichen und im Sinne der Evolution logischen Prozess auslösen: es werden mehr Kuschelhormon-Schaltstellen gebaut.[40] So ist die Mutter genau in dem Augenblick ganz besonders auf »Bindung« gepolt, wenn ihr Baby zur Welt kommt.

Doch es muss nicht immer gleich eine Schwangerschaft sein. Auch beim Sex wird Oxytocin ausgeschüttet, und zwar bei Frauen und bei Männern. Gemessen wurde ein allmählicher Kuschelhormon-Anstieg sogar bei Menschen, die gerade Sex mit sich selbst hatten.[41]

Was Kuschelhormone mit Männern machen

Was noch nicht so lange bekannt ist: Oxytocin steuert nicht nur das Bindungsverhalten von Frauen massiv, sondern auch das von Männern.

Ein Team um Charumathi Baskaran von der Harvard Medical School wollte wissen, ob der Oxytocin-Spiegel im Blut von Männern ähnlich pulsiert wie der von Frauen. Deshalb nahmen sie fünf jungen, gesunden Männern zehn Stunden lang alle fünf Minuten einige Tropfen Blut ab. Ergebnis: Ja, der Kuschelhormonspiegel pulsiert. Und, wichtiger noch: Je niedriger der Hormonspiegel lag und je weniger er pulsierte, desto eher hatten die untersuchten Männer einen vermeidenden Bindungsstil, fühlten sich weniger unterstützt und hatten größere Schwierigkeiten, ihre Gefühle zu beschreiben. Umgekehrt: Je mehr Oxytocin durch den Männerkörper strömte, desto besser waren sie als Liebhaber.[42]

Ein Forscherteam um den Psychologen Dirk Scheele, damals an der Universität Bonn, ging die Frage nach der Kuschelhormonwirkung auf Männer ein wenig ungewöhnlich an: mit Nasenspray. Sie sprühten also ihren männlichen Probanden Oxytocin in die Nase, ließen die Männer die Gesichter ihrer eigenen Frauen und anderer Frauen betrachten und schauten, was dann im Gehirn passiert. Ergebnis: Die Männer fanden die Frau, in die sie ohnehin schon verliebt waren, noch schöner als zuvor – gemessen an der Aktivität des Belohnungszentrums in ihrem Gehirn.[43] Daraus könnte man schließen (die Bonner Forscher hätten das natürlich vorsichtiger formuliert): Das Kuschelhormon Oxytocin macht Männer monogam.

Und Oxytocin macht mit Männern noch mehr: Scheele zeigte in einer weiteren Studie, dass Männer, denen man Kuschelhormon in die Nase sprüht, sich vor lauter Kuschellust gerade *nicht* wahllos auf die nächstbeste Frau stürzen. Im Gegenteil: Männer, die in einer Beziehung lebten, gingen deutlich auf Abstand zu anderen Frauen. Alleinstehende Männer nicht. Vereinfacht könnte man also sagen: Oxytocin macht treu.[44]

In unserer Praxis geben wir, Katja und Helmut Flecks, regelmäßig Seminare für Paare. Wenn ich, Helmut Flecks, mit Männern dort sitze und wir über Sexualität sprechen, dann bestätigen sie mir das, was die oben genannten Studien auch gezeigt haben: Männer – und, ehrlich gesagt, erlebe ich es selbst nicht anders – stellen tatsächlich Bindung und das Gefühl von Nähe durch Sexualität her, aber letztendlich nur mit der Frau, die wir wertschätzen, die wir achten und lieben.

Zur Bindung brauchen wir Männer eine positive Fantasie, das heißt, wir brauchen ein positives Bild von unserer Frau. Und wir brauchen tatsächlich so etwas wie: »Das ist sie! Das ist die Richtige!« Dann funktioniert das. Hier geht es wirklich um Bindung, es geht um Körperlichkeit, und zwar wirklich im positiven Sinne. Nicht um sexuelle Triebbefriedigung.

Frauen kuscheln anders

Oxytocin strömt durch den Körper der Frauen, wenn sie schwanger sind. Das soll dafür sorgen, dass schon in der Schwangerschaft eine Beziehung zum Baby aufgebaut wird, auch wenn sich die Schwangerschaft nicht immer schön und angenehm anfühlt. Ohne das Bindungshormon wäre das Schwangersein wohl noch wesentlich anstrengender. Auch beim Stillen schütten Frauen Oxytocin aus. Aber nicht nur dann. Sonst hieße das ja, Frauen müssten immer schwanger sein oder stillen, wenn sie Nähe aufbauen wollen.

Deshalb springt die Oxytocin-Produktion bei Frauen auch an, wenn sie in den Arm genommen werden oder wenn sie jemanden umarmen. Erstaunlicherweise funktioniert dieser Effekt bei Männern nicht.

Um das zu zeigen, setzte eine Forschergruppe um Gesa Berretz von der Universität Bochum 38 Liebespaare einem besonderen Stresstest aus: Zuerst sollte sich ein Teil der Paare in den Arm nehmen. Und dann eine Hand so lange wie möglich in Wasser halten – und zwar in eiskaltes. Die Körperreaktion auf Eiswasser ist Stress, und Stress kann man messen: über den Stresshormonspiegel im Blut. Cortisol. Ergebnis: Frauen, die vor dem Kälteschock umarmt wurden, reagierten weniger gestresst als die Frauen aus der Kontrollgruppe, die keine Umarmung bekommen hatten. Bei den Männern zeigte sich dieser Unterschied nicht.[45]

Ob dieser Unterschied nun an den verschiedenen Genen, den verschiedenen Körpern, der verschiedenen Erziehung oder an den weiblichen Kuschelhormonen liegt, konnten die

Psychologinnen und Psychologen nicht schlussendlich erklären. Aber eine Vermutung liegt nahe: Frauen produzieren nach einer Umarmung mehr Kuschelhormon als Männer, und dieses Hormon senkt den Cortisolpegel im Blut.[46] In der Geschichte der Menschheit war dieser Unterschied möglicherweise von Vorteil, weil es die Mütter waren, die sich um die schwierigen ersten Wochen und Monate von Säuglingen kümmerten. Je besser Mutter und Baby – nur durch Körperkontakt – aufeinander eingespielt waren, desto höher die Überlebenschancen für beide.

Kleiner Glückstipp für Paare

Konkret heißt das für Männer: Kommt Stress auf Ihre Frau zu oder ist Ihre Frau schon im Stress, einfach mal in den Arm nehmen – es wirkt sofort. Und auch dann, wenn Ihr eigenes Bedürfnis nach einer Kuschelrunde nicht ganz so hoch ist.

Fachleute empfehlen Männern und Frauen, sich mindestens fünfmal pro Tag für mindestens drei Sekunden zu umarmen. Wenn man Umarmungen mag, ist noch länger noch besser: Je ausführlicher die Kuscheleinheit, desto mehr Kuschelhormon Oxytocin produziert der Körper.

Gut zu wissen: Auch das Streicheln von Hunden, Katzen oder Hamstern löst beim Menschen wohltuende Anti-Stress-Effekte aus.[47]

Was für viele Frauen auf der Hand liegen mag – für viele Männer aber vielleicht für immer unverständlich bleibt: Frauen schütten Kuschelhormon schon beim Reden aus. Das heißt, emotionale Nähe können Frauen zum Beispiel zu ihren Kindern (vor allem zu ihren Töchtern) sehr gut herstellen, indem sie ihnen »gut zureden«.[48] Ähnliches gilt höchstwahrscheinlich auch beim Sprechen mit Freundinnen und in vielen anderen Situationen.

Und, was viele nicht wissen, aber unbedingt wissen sollten: Oxytocin bestimmt darüber, wie sich ein Orgasmus anfühlt. »Oxytocin wird ausgeschüttet, wenn die Brüste stimuliert werden«, erklärt Hormonexpertin Franca Parianen. »Das heißt, die Frage, wie toll wir einen Orgasmus finden, wird oft gar nicht in dem Moment selbst festgelegt, sondern auch im Vorspiel.« Doch davon profitiert nicht nur die Frau, sondern auch der Mann: »Oxytocin wärmt auch die Brust für denjenigen, der sich daran kuschelt.«[49]

Frauen haben also etliche Quellen und Mechanismen, um an das Bindungshormon zu kommen. Es ist möglich, dass es mehr sind, als Männer haben. Und es ist ebenso möglich, dass dieser Unterschied für das Lebensgefühl der Männer gar keinen so großen Unterschied macht. Man(n) kennt es ja nicht anders.

Von der Kunst, Sexhormone zu locken

Vielleicht fragen Sie sich, warum wir an dieser Stelle so viel über Hormone sprechen und so wenig über die Kunst, miteinander glücklich zu sein?

Nun: Das eine hängt eng mit dem anderen zusammen. Und unsere »Körperchemie« hat einen so massiven Einfluss darauf, wie wir uns fühlen, wie wir uns begegnen, ob wir uns glücklich fühlen oder nicht, dass es verrückt wäre, diesen Chemiebaukasten nicht zu nutzen. Er ist ja da – wir müssen nur den Deckel aufklappen und uns über die Glücksgefühle freuen, die er uns hinzaubert. Mit direkter Wirkung nicht nur auf unsere Körper, sondern auch auf unsere Seele.

Und ist es nicht sinnvoll zu wissen, dass Frauen typischerweise in der Zyklusmitte, kurz vor dem Eisprung, am meisten Lust auf Sex haben, weil dann der Östrogenspiegel steigt, und zwar vor allem am Nachmittag? Und natürlich spielt auch Testosteron eine wichtige Rolle – übrigens nicht nur für die sexuelle Aktivität des Mannes, zum Beispiel für die Erektion, sondern auch bei der Frau. Damit es mit der Empfängnis klappt, braucht es einen erhöhten Testosteronspiegel.[50]

Als Hormonexpertin Franca Parianen einmal gefragt wird, ob es nicht furchtbar unromatisch sei, dass Hormone in der Liebe so vieles bestimmen, fand sie eine so schöne Antwort, dass wir sie hier ausführlich wiedergeben:[51]

> »Ich finde es eigentlich total romantisch, weil es uns zwingt, die Liebe ernstzunehmen. Zeit und Raum dafür zu schaffen, im Alltag, aber zum Beispiel auch zwischen Eltern und Kind, nach der Geburt. Liebe und Nähe sind Grundbedürfnisse, und sie wirken bis in den letzten Zeh hinein. Das ist etwas Besonderes: Es gibt so viele Grenzen, die Menschen nicht überqueren dürfen, aber in fast allen Ländern gibt es Ausnahmen, wenn zwei Menschen einander wirklich lieben. Weil die Liebe eine Naturgewalt ist, der wir uns nicht entgegenstellen können.«

Guter Sex - was ist das?

Liebe ist eine Naturgewalt. Aber sie ist auch eine innere Einstellung. Sie wächst mit der Bereitschaft zur Hingabe. Das Wort Hingabe hat nichts mit Aufopferung zu tun. Wenn ich mich einem anderen Menschen hingebe, dann bedeutet das, dass ich mich vollkommen auf ihn einlasse, mich fallen lasse, ohne Vorbehalte, im vollständigen Vertrauen.

In einer Partnerschaft hat Hingabe viel mit Vertrauen zu tun. Nur wer vertraut, kann die eigenen Ängste überwinden und gemeinsam wachsen. Vertrauen ist eine besondere Form der Wertschätzung und eine sehr große Bereicherung für Menschen, die sich aneinander binden.

Unter Bindung verstehen wir also das Gefühl von Zugehörigkeit, Vertrauen, Nähe und Verlässlichkeit. Sie kann entstehen, wenn man sich auf etwas vollständig einlässt. Wir unterschätzen oft, wie sehr dieses Sich-einlassen, diese Verbindlichkeit die Voraussetzung sind für wirklich guten Sex. Wie hängt das eine mit dem anderen zusammen?

»Es geht darum, auf den anderen einzugehen, zu antworten, nicht darum, eine Performance hinzulegen« erklärt Peggy Kleinplatz, Professorin für Medizin und Leiterin des *Optimal Sexual Experiences Research Team* an der Universität Ottawa. Sie ist auf der Suche nach dem, was außerordentlichen Sex so außerordentlich macht, und befragt dazu immer wieder Paare. »Es sind bestimmte emotionale, mentale und körperliche Qualitäten, die uns die außerordentlichen Liebhaberinnen und Liebhaber immer wieder schilderten«, erklärt Kleinplatz. »Dazu gehört, ganz im Augenblick zu sein und bewusst im gesamten Körper, nicht im Kopf, während man komplett mit dem Partner verbunden ist.«[52]

Besondere Bedeutung hat ihr zufolge *empathische Kommunikation* – und zwar nicht nur mit Worten, sondern durch Berührung. Kuscheln. Sich körperlich und seelisch öffnen für den anderen. Sich verletzlich machen. Nackt.

Das ist nicht einfach in einer Zeit, die so sehr auf Selbstdarstellung, auf Performance, auf Leistung setzt. Und für die auch früher als ungewöhnlich geltende Formen der Sexualität immer gewöhnlicher werden.

Auch hier gilt also für Paare: Es steht mehr zur Wahl – aber die Wahl kann auch eine Qual sein. Vielleicht ist das der Grund, warum Menschen, unabhängig von ihrem Alter, heute weniger Sex haben als noch vor einigen Jahren. Und warum auch Jugendliche immer weniger für Sex praktizieren – ganz gleich in welcher Form.[53]

Liebe braucht Abstand

Es gibt ein schönes Gedicht von Rainer Maria Rilke,[54] das zwar vielleicht ein bisschen altmodisch klingt, das aber eine besondere Herausforderung von jungen Paaren wunderbar auf den Punkt bringt:

»Wir haben, wo wir lieben, ja nur dies:
einander lassen;
denn daß wir uns halten,
das fällt uns leicht
und ist nicht erst zu lernen.«

Gerade am Anfang einer Partnerschaft ist es so, dass Menschen am liebsten jede Sekunde miteinander verbringen möchten. Jede noch so kurze Trennung wird zur Qual. Am liebsten möchte man völlig ineinander verschmelzen. Und eine solche *»Verliebtheitsverschmelzung«* ist, zumindest in der ersten Zeit, normal.

Doch eine Paarbeziehung, die langfristig auf totaler gegenseitiger Abhängigkeit aufbaut, kann nicht funktionieren. Der Mensch ist nicht nur einseitig auf Bindung gepolt, er braucht genauso auch seine Freiheit – das gilt für Männer und Frauen. Paare brauchen Nähe, sie brauchen aber auch Abstand. Und je sicherer sie sich miteinander fühlen, desto leichter können sie immer wieder das richtige Maß an Verschmelzung und Distanz finden.

Vielleicht erinnern Sie sich an Ihre Mathematikbücher aus der Grundschule? Irgendwo stand dieses Bild mit den zwei Kreisen, die sich so übereinander schieben, dass in der Mitte eine Schnittmenge entsteht. Dieses Bild ist auch eine gute Metapher für Paarbeziehungen: Jeder braucht seinen eigenen Kreis, mit eigener Zeit und eigenen Orten, mit seinen Freunden und eigenen Hobbys, mit eigenen Wertvorstellungen und Vorlieben. Und dann braucht es eine Schnittmenge mit Menschen, die beide mögen, mit Interessen, die beide spannend finden, mit Werten, die beide teilen. So inspiriert der jeweils eigene Kreis das Gesamtbild.

Wo das nicht gelingt, wo also der eine »Lieblingsmensch« dem anderen »Lieblingsmenschen« ein Leben nur in seinem eigenen Kreis vorschreiben will, wird der andere irgendwann ausbrechen. Sich trennen.

Es braucht eben immer beides: Bindung und Freiheit.

GLÜCKSRETTER

Liebe ist nicht immer so einfach, so leicht und so rundherum glücklich, wie wir sie gerne hätten. Denn immer wieder kommt unserem Liebesglück mit Mister oder Miss Right etwas in die Quere: ungerechte Strukturen in Staat und Wirtschaft, starre Rollenbilder in der Familie, überkommene Vorstellung davon, wie ein Leben zu laufen hat, wie Sex gelebt werden soll, und dann auch noch jede Menge Hormone im Blut! Gut, dass wir der Liebe auf die Sprünge helfen können:

Zeige Deine Liebe

Jeder ist anders, jeder zeigt Liebe anders. Es kommt nicht darauf an, *wie* Du Liebe zeigst, sondern *dass* Du sie zeigst – eben auf Deine Art. Und so viel wie möglich! Zeige Zärtlichkeit. Überrasche Deine Partnerin oder Deinen Partner mit einem frischen Getränk, mit einer leckeren Kleinigkeit. Rege gemeinsame Unternehmungen an. Zeige Deine Wertschätzung. Bewundere Deine Partnerin oder Deinen Partner. Erinnere Dich immer wieder an die Lebendigkeit der ersten Zeit. Liebe ist nicht nur Fühlen, sondern auch Tun.

Wünsch Dir was

Sag Deiner Partnerin oder Deinem Partner, was Du brauchst, damit es Dir gut geht. Teile Deine Bedürfnisse und Wünsche mit. Sag auch, was Du *nicht* oder nicht mehr haben willst. Nur so kannst Du vermeiden, dass Du von Tag zu Tag mehr genervt bist und irgendwann vor Wut »platzt«. Jeder Mensch hat Bedürfnisse, und jeder hat das Recht, diese Bedürfnisse zu äußern. Dass sich nicht jedes Bedürfnis erfüllen lässt, gehört zum Leben dazu.

Nähe wirkt Wunder

Morgens und abends einmal drücken, und möglichst oft zwischendurch: das nimmt jedem von Euch den Stress, das bringt Euch in Kontakt, das lässt die Kuschelhormone fluten, die der Liebe so guttun.

Gönne Dir Zeit zu zweit

Passe gut auf Eure wichtigste Ressource auf: Eure Zeit. Gönnt Euch regelmäßig Zeit zum Reden, Zeit zum Spazierengehen, Zeit für gemeinsame Unternehmungen, Zeit für Sex. Genießt die Zeit, in der Ihr gemeinsam Filme schaut. Und schaltet Netflix, Tiktok, Twitter und Co. regelmäßig bewusst ab.

Liebe braucht auch Abstand

Vielleicht tut es Dir gut, immer mal kurz auf Abstand zu gehen, um Dich auf Dich selbst zurückzubesinnen: einen Abend mit Freundinnen oder Freunden verbringen, allein ausgehen, mal nicht im gemeinsamen Bett schlafen, sondern auf dem Sofa. Umso schöner ist es dann, sich wieder in die Arme zu schließen und die gemeinsame Liebe zu genießen.

2_reden

Denke zuerst, dann rede.

Streite mit Respekt.

Lerne zu verzeihen.

Konflikte gehören dazu

Tüten. Überall Tüten. Gefaltete Plastiktüten stecken neben den Kochbüchern in der Küche. Geknickte Papiertüten lugen hinter der Brotbox hervor. Geknüllte Beutel, mit denen vor Wochen irgendetwas transportiert wurde, die man aber *vielleicht* noch einmal für den Abfalleimer unter der Spüle nutzen könnte, verstecken sich im Obstkorb. Und weil das noch nicht reicht, quetschen sich zwischen Kochtöpfen braune Papiereinkaufstüten. »Deine Tüten *nerven*. Sie sind *hässlich*. Sie *stören* mich. Ich werfe sie jetzt weg! Alle!!!« »Halt, nein, das geht so nicht. *Nie* denkst Du nachhaltig. *Immer* trampelst Du auf dem herum, was mir wichtig ist!« Und schon fliegen die Tüten, pardon, die Fetzen. Geht das nicht anders?

Es sind die kleinen Dinge

Oft sind es nicht die großen Fehltritte. Es sind Tüten, Socken und die klebrige Zahnpasta im Waschbecken. Es sind die kleinen Irritationen, die eine Beziehung auf die Probe stellen. Es sind die täglichen, kleinen Macken der Partnerin oder des Partners, die Kaugeräusche, das ständige Knibbeln an den Fingernägeln, die irgendwann so nerven, dass man aus der Haut fahren möchte. Die seltsame Art des wichtigsten Menschen im

Leben, mit Situationen oder mit Sachen umzugehen, kann sich nach und nach zu einem Berg an Unerträglichkeiten aufstapeln, an dem man kraftlos aufgibt.[55]

Doch nicht jede Löchersocke bedeutet gleich das Ende – auch ein Traumpaar streitet mal. Jede Beziehung erlebt ein Auf und Ab von Glück und Nicht-so-viel-Glück, von Harmonie und Dissonanz. Eine Schwingung, die, wenn die Partnerschaft auf einer guten Basis steht, immer wieder zurück ins Positive pendelt. Die US-amerikanische Bloggerin Taylor Myers hat das einmal sehr schön beschrieben:[56]

> »Ich habe keine Angst mehr vor dem Tag, an dem jemand, für den ich vorher alles war, keine Sterne mehr in meinen Augen sieht, solange die andere Person sich dafür entscheidet, die Sterne zu suchen, bis sie diese wieder sehen kann.«

Heißt das: Ist Liebe gar kein Gefühl? Ist Liebe eine Entscheidung? Ganz so einfach ist es nicht, finden wir. Es ist aber eine Entscheidung, ob man miteinander über die Liebe redet. Über die Partnerschaft. (Und auch über Tüten, Socken, Zahnpasta.) Und *wie* man das tut. Darum soll es in diesem Kapitel gehen: um das Glück, das passiert, wenn Miteinander-Reden gelingt. Doch: Warum gelingt es so oft *nicht*?

Und jeden Tag diese Machtkämpfe ...

Oft verhaken sich Paare in Machtkämpfen oder in Stellvertreter-Rangeleien – sie streiten dann zum Beispiel miteinander um die genau richtige Art, ein T-Shirt zu falten, dabei schwelt im Hintergrund eigentlich ein Konflikt zwischen Mann und Schwiegermutter.

Derartige Streitereien haben oft nicht nur einen psychologischen Hintergrund, sondern auch einen knallhart wirtschaftlichen. Ja, es geht ums Geld: Der eine, in den meisten Fällen ist es *die* eine, trägt weniger zum Haushaltseinkommen bei, ist mehr Stunden zu Hause, kümmert sich zwangsläufig mehr um die Mühen der Ebene: Mülleimer und Dreckwäsche, Einkäufe und Impftermine, Elternabende und geflickte Hosen.

Und der andere, manchmal ist es auch *die* andere, kann rausgehen, sich im Job verwirklichen, Sport treiben, Freunde treffen und nebenher noch ein Vermögen aufbauen.

Der Perspektivenwechsel ist nicht einfach. Ganz gleich, ob es ein Mann ist oder eine Frau, die überwiegend nicht zu Hause ist: Es ist nicht leicht, immer wieder Dankbarkeit und Wertschätzung für die endlose Arbeit zu Hause zu zeigen – weil sie so unsichtbar ist. Genauso ist es nicht leicht für die Person, die weniger Karriere macht, immer wieder Dankbarkeit und Wertschätzung für den Erfolg im Job und das verdiente Geld zu zeigen – vielleicht verspürt sie Neid auf die Anerkennung, die sie selbst auch gerne hätte.

Dass man für die gemeinsame Familie oder Partnerschaft zurückgesteckt hat, damit muss man erst einmal zurechtkommen – auch wenn man sich freiwillig dazu entschieden hat. Über all das muss man reden. Reden hilft.

Schuld ist nicht die Frage

Doch statt darüber zu reden, was ungleiche Chancen für Persönlichkeit, Selbstbewusstsein und Gefühle bedeuten, streiten sich viele Paare darüber, wer an was Schuld hat und wer nicht. Wer mit etwas angefangen hat und wer nicht. Wer was immer wieder falsch macht und wie es richtig geht. Und dass sich der oder die andere doch, bitte, endlich, endlich, ändern soll.

Dann werden mühevoll Handlungsverläufe rekonstruiert, es wird auf der logischen Ebene verhandelt, welcher Blick, welches Wort, welche Sache wohl was bedeutet hat, welche Aussage irrelevant, sowieso klar oder ein No-Brainer war. Welcher Satz wie verletzt hat. Was der eine Mensch *immer* macht (obwohl der andere meint, dass er es nicht soll) und was *nie* (obwohl er es, so sieht es der andere, unbedingt soll).

Mit derartigen Diskussionen können Paare Stunden verbringen. Tage. Monate. Sie führen zu nichts. Denn was sie eigentlich brauchen, ist kein Schlagabtausch im Spielfeld der Logik, sondern emotionale Verbundenheit. Empathie.

Viel wichtiger als die Diskussion über die Schuld des anderen sind Gespräche über eigene Wünsche und Bedürfnisse. Das erfordert ein Umdenken – ein Umdenken, das durchaus wehtun kann. Denn dann geht es nicht mehr darum, was der oder die *andere, schuldige* Person tun soll. Dann geht es nicht mehr um den Vorwurf: »Ich bekomme in meiner Beziehung nicht, was ich will« – in dem Sinne, dass mein Gegenüber mir nicht das gibt, was ich will. »Der springende Punkt ist« vielmehr, so erklärt der US-amerikanische Sexualtherapeut David Schnarch, dass derartig frustrierte Menschen »in der Beziehung *von sich selbst* nicht das bekommen, was sie erwarten.«[57]

Glück und Zufriedenheit entspringen nun mal nicht aus »der besseren Hälfte« oder aus »der Beziehung« – die Quelle zum Glück liegt immer in jedem selbst. Deshalb geht es in Konflikten nicht, oder nicht nur, um den anderen. Es geht um die Kunst zu fühlen, was man sich selbst wünscht. Was man selbst braucht. Und um den Mut, das dann auch zu sagen. Nicht im Sinne von: »Du hast mich schon wieder allein gelassen.« (Das ist ein Vorwurf, da geht es schon wieder um Schuld.) Sondern zum Beispiel so: »Ich möchte gerne Zeit mit Dir verbringen. Wie wäre es Sonntag?«

Zugegeben: Mit sich selbst ins Reine zu kommen, wenn die Aufgaben und die Selbstverwirklichungschancen in einer Beziehung ungleich verteilt sind, ist schwer. Die eigenen Bedürfnisse überhaupt wieder zu spüren, wenn man sie jahrelang hintangestellt hat, um eine zwar entzückende, aber auch ausdauernd kreischende Kinderschar in Schach zu halten, das kann mühsam sein. Vor allem aber ist es nicht leicht, über Wünsche, Bedürfnisse und Gefühle zu sprechen, wenn mein Lieblingsmensch tatsächlich die Angewohnheit hat, mit »stinkenden Schuhen« zu werfen. Wenn er beleidigt, herabwürdigt, kränkt. Was gar nicht so selten passiert – auch in eigentlich »funktionierenden« Partnerschaften.

Es ist zwar eine Sache, mit derartigen Schuhen beworfen zu werden – und eine andere Sache, sie auch noch aufzufangen. Niemand muss das tun. Und trotzdem: Es schmerzt. Sehr.

Autsch, das tat weh!

Die Schule fällt ihrer Tochter nicht leicht. Oft sitzt die Mutter am Nachmittag zusammen mit ihr am Esstisch, grübelt mit ihr über Matheaufgaben, unterstützt beim Vokabellernen und bei der Recherche für ihre Präsentationen. Schließlich ist das Schuljahr geschafft und das Zeugnis erstaunlich gut. »Prima!«, lobt die Schwiegermutter beim gemeinsamen Kaffeeklatsch, und schiebt hinterher: »Die Intelligenz hat sie von ihrem Vater.« Der grinst geschmeichelt. »Und auf die Eins in Mathe gebe ich sowieso nichts, die guten Noten werden heute verschenkt, das weiß doch jeder.« Der Vater hebt zwar eine Augenbraue – aber schweigt. Autsch.

Wenn einer einen stinkenden Schuh wirft

Dass bei allen Paaren nach dem Abflauen des ersten Verliebtseins die Nicht-mehr-ganz-so-rosarote-Normalität beginnt, das ist normal. Sie geht mit einer gewissen Entzauberung des Partners einher und zeigt ihn als normalen Menschen, den man – das ist der Idealfall – immer noch sehr mag. Von Heinrich Heine gibt es dazu einen sehr schönen Satz:[58]

> »Hat man die Liebe durchgeliebt,
> fängt man die Freundschaft an.«

Das ist der Idealfall: der Übergang in eine freundschaftliche liebevolle Partnerschaft, wenn die Schmetterlinge im Bauch gelandet sind. Nur: Oft passiert das Gegenteil. Vergreift sich die

Schwiegermutter im Ton, stärkt der Partner seiner Frau nicht mehr den Rücken. Sitzt man gemeinsam beim Abendessen, herrscht Schweigen. Wünscht sich der eine Zärtlichkeit, dreht sich der andere weg. Oder die andere. Oder beide.

Liebesentzug, Zurückweisung und Schweigen werden als tiefe Kränkungen erlebt. Schweigen signalisiert, dass der Partner meiner Aufmerksamkeit unwürdig ist. Solche Kränkungen können nicht nur Auslöser von Streit in der Partnerschaft sein, sondern von Gewalt. Für den Begriff der Kränkung hat Reinhard Haller eine treffende Definition gefunden:[59]

> »Kränkungen sind universell und zeitlos. Nichts außer der Liebe, des großen Gegenspielers, ist so menschlich. Nichts anderes ist so tief verankert, nichts so belastend, nichts so unvermeidbar, nichts so schicksalsbestimmend. Wie kein anderes Gefühl formen sie die Persönlichkeit des Menschen, beeinflussen das Verhalten und prägen sein Wesen.«

Was tun, wenn man sich gekränkt fühlt? Darüber reden. Nur so sind die Einordnung und Verarbeitung der Kränkung möglich. In einer Familie hilft das Reden nicht nur der Person, die gekränkt wurde, sondern auch den Kindern.

Denn was passiert, wenn ein Elternteil gekränkt wird – zum Beispiel durch Ignoranz, so wie die Schwiegermutter in unserem Beispiel oben? »Was man den Kindern damit wirklich antut, ist eine Abwertung eines Teils *von ihnen.*«[60]

Nicht immer sind Kränkungen beabsichtigt. Es ist möglich, dass die Kränkung dem Menschen gar nicht bewusst ist, der sich kränkend verhält. Vielleicht merkt ein Mann oder eine Frau nicht, wie unsensibel die eigene Mutter spricht, und handelt, weil sie es von ihr nicht anders kennen. Vielleicht scheint es nicht weiter der Rede wert, das Partygespräch mit einem guten Freund beim Eintreffen einer »wichtigeren« Person zu unterbrechen. Vielleicht wurde es vorgelebt, dass man Mitarbeitende der Security oder der Putzkolonne behandelt wie Luft. Richtig wird kränkendes Verhalten dadurch nicht. Aber es wird klar, dass dahinter nicht immer eine böse Absicht steckt. Manchmal ist es Gedankenlosigkeit.

Trotzdem trifft Kränkung tief. Je kleiner das Selbstvertrauen, desto leichter lässt man sich kränken. Die meisten Menschen sprechen nicht gern über die Kränkung, da sie vermeintlich meinen, Schwäche zu zeigen. Sie schweigen dann lieber. Doch so kommt niemand weiter.

Nur wenn man darüber spricht, kann man herausfinden, warum eine Kränkung so wehgetan hat. Hat sie eine alte Wunde aufgerissen? Hat sie an einer Wertvorstellung gerüttelt, die einem persönlich sehr wichtig ist, die der andere aber nicht ernst nimmt? Oder kam die Kränkung von einer Person, deren Anerkennung einem sehr wichtig ist und von der man sich das Gegenteil erhofft hatte – nämlich *Wertschätzung*?

Über eine Aussprache kann man Kränkungen analysieren. Hat man sie analysiert, kann man daran wachsen. Bestenfalls entwickelt man eine gewisse Dickhäutigkeit (im Sinne von Widerstandskraft, nicht von Empathielosigkeit), an der die nächste Kränkung besser abperlt, und kann auch einmal Tiefschläge einstecken. Dabei helfen auch Gelassenheit, Humor ohne Aggression und der Blick aus einer neuen Richtung: Wie sieht mein Partner, meine Partnerin die Situation aus seiner, aus ihrer Sicht?

Wie Kränkungen wirken

Kränkung wird definiert als *Verletzung eines anderen Menschen in seiner Ehre, seinen Gefühlen und seiner Selbstachtung*. Kränkungen können als Ursachen für eine Vielzahl von psychischen Leiden, aber auch von Verbrechen und Amoktaten gesehen werden. Auch größere Bevölkerungsgruppen, ganze Nationen können aus dem Gefühl der Kränkung heraus Wegbereiter von Kriegen sein. Kränkungen rufen Enttäuschungen hervor und wirken lange. Sie wirken destruktiv, erschüttern unsere Werte und unseren Gerechtigkeitssinn.

Am Ende steht das Verzeihen

Das Verzeihen ist für den eigenen Seelenfrieden unbedingt notwendig. Nur wer verzeiht, lässt einen Streit wirklich los. Doch das Loslassen heißt nicht, dass man seinem Gegenüber so etwas wie einen »Sündenerlass« erteilt. Das nicht. Verzeihen heißt, den eigenen, seelischen Verletzungen die Möglichkeit geben zu heilen. Sich vom Schmerz lösen und versuchen, zurück in das Spielfeld der Liebe zu kommen. All das trägt auch dazu bei, sein Selbstvertrauen zu stärken. »Der Schwache kann nicht verzeihen«, hat Gandhi gesagt. »Verzeihen ist eine Eigenschaft des Starken.«

Noch einmal: Kränkungen *müssen* besprochen werden. Das hilft beiden Partnern. Denn nur so kann der Gekränkte erfahren, ob tatsächlich eine (tatsächlich böse, vermeintlich erzieherische, scheinbar witzige) Absicht hinter der Kränkung lag, oder doch nur ein Missverständnis. Und nur so ist es möglich, dass auch der Kränkende erfährt, dass er jemanden verletzt hat – dass er sein Verhalten korrigieren kann. Und, das ist ganz wichtig: um Verzeihung bitten.

Auch wenn es eher schweigsam veranlagten Liebenden schwerfällt. Sprechen, sprechen, sprechen Sie! Doch sprechen allein hilft auch nicht immer. Sie wissen so gut wie wir, wie schnell es passiert, dass der eine am anderen vorbeiquasselt – und schon wieder die Fetzen fliegen.

Aneinander vorbeireden

»Wir sollen zur Party etwas zum Grillen mitbringen. Lass uns etwas Gesundes nehmen …« Das junge Paar schlendert durch den Supermarkt, später treffen sich beide an der Kasse wieder. Beide legen ihr Grillgut auf das Kassenband. Er: »Oh nein, ich kann's nicht glauben!« Sie: »Wie eklig, wie kannst Du nur!« Auf dem Band liegt ein saftiges Steak, ganz frisch und schön blutig – und ein paniertes Stück »vegane Fleischalternative«.

Was heißt nun ... »gesund«? Und ist die eine Wahl »typisch Mann« und die andere »typisch Frau«?

Oder: Ein Paar sitzt am Abend erschöpft im Wohnzimmer. »Du, Schatz, ich hatte einen schlimmen Tag. Mein Termin lief furchtbar, dann stand unser Kühlschrank unter Wasser, und dann wurde auch noch mein Facebook-Konto gehackt.« »Oh nein! Aber: Okay, Liebling, ich sage Dir, wie es ist. Du musst Dich auf Deine Termine besser vorbereiten, Du musst den Kühlschrank regelmäßig putzen, damit der Abfluss in der Rückwand nicht verstopft, und wenn Dein Facebook-Profil gehackt wurde, dann musst Du die Security benachrichtigen, neue Passwörter festlegen und auch Dein E-Mail-Konto neu absichern.«

War das die Unterstützung, die der Pechvogel sich erhofft hatte? Und ist der Tagesbericht nun »typisch Frau« und die ungefragte Gebrauchsanleitung für Alltagsfragen »Mansplaining«?[61]

Die Antworten überlassen wir Ihrem Kopfkino. Worauf es uns an dieser Stelle ankommt: Wenn man glaubt, die Vorlieben, Vorstellungen und Bedürfnisse seines Lieblingsmenschen zu kennen, nur weil man in einer Beziehung zusammenlebt, ist man einem Trugschluss auf den Leim gegangen. Niemand kann wissen, ob sein Gegenüber genau an diesem Tag Lust hat auf frisches Blut oder auf veganes Erbsenprotein. Niemand kann ahnen, ob sich die oder der andere einfach nur wünscht, ein schwieriges Erlebnis miteinander »auszuhalten«, oder sich konkrete Verhaltenstipps erhofft.

Man kann es nicht wissen. Man muss fragen.

Die Sache mit den offenen Fragen

Mit *offenen Fragen* sind alle Fragen gemeint, die sich *nicht* klar mit ja oder nein beantworten lassen. Wenn Sie offen fragen, geben Sie Ihrem Partner, Ihrer Partnerin die Gelegenheit, von einer Sache mehr zu erzählen. Und sich selbst die Chance, Ihr Gegenüber besser zu verstehen. Offene Fragen sind zum Beispiel: »Was hat Dich heute bewegt?« »Um was geht es Dir?« »Was ist Dir bei dieser Sache wichtig?« »Welche Frage treibt Dich um?« »Was genau ärgert Dich in dieser Situation?« »Warum regt Dich das so auf?« »Was verbindest Du mit dieser Erinnerung?« »Gibt es etwas, das ich jetzt für Dich tun kann?« »Wo drückt der Schuh?« »Hast Du etwas auf dem Herzen, über das Du sprechen möchtest?« »Was fasziniert Dich an dieser Geschichte?« »Was an dem Thema ist für Dich ganz besonders wichtig?«
Eine geschlossene Frage dagegen klingt so: »Das wir morgen weggehen, ist Dir doch besonders wichtig?« Das ist eine ***Suggestivfrage***. Da ist die Antwort schon gleich mit drin.
Auch die Frage »Holst Du bitte gesunde Sachen für den Grill?« ist eine geschlossene Frage. Reaktion: »Ja. Hier, bitte.« Und dann wundert man sich, dass da Blutsteak liegt oder heftpflasterfarbige Hackpaste. Eine offene Frage wäre gewesen: »Was verstehst Du denn unter ›gesunden‹ Sachen für den Grill?«

Schon Max Frisch ahnte, dass man weder über die Bedürfnisse noch über den Charakter seines Partners oder seiner Partnerin jemals wirklich im Bilde ist:[62]

> »Es ist bemerkenswert, daß wir gerade von dem Menschen, den wir lieben, am mindesten aussagen können, wie er sei.«

Man steht im Nebel, und das ist schwer auszuhalten. Deshalb ist es wenig erstaunlich, dass vor wenigen Jahren vermeintlich wissenschaftlich untermauerte Vorstellungen darüber, dass Frauen (»von der Venus«) und Männer (»vom Mars«) sehr unterschiedlich sind, in den populären Medien hohe Wellen schlugen.

Endlich Klarheit! Die Biologie macht den Unterschied! Heute sind Menschen zwar immer noch unterschiedlich: Frauen, Männer und alle, die sich irgendwo dazwischen einsortieren. Aber heute ist man nicht mehr so sicher, ob man diese Unterschiede in den Gehirnwindungen von Mann und Frau dingfest machen kann. Genauer gesagt: Die meisten Forscher sind sich sicher, dass man es *nicht* kann.

Eine Frage der Gehirnwindungen?

Dass im Kopf von Frauen ein anders gebautes Gehirn sitzt als im Männerkopf war eine Idee, die deshalb schnell populär wurde, weil sie so gut zu unseren Alltagserfahrungen passt. Heute wissen wir, dass unsere Alltagserfahrung immer noch in vielen Fällen richtig ist, dass aber das Gehirn nicht als Begründung dafür taugt. Doch eins nach dem anderen, weil der Verlauf dieser Diskussion noch immer spannend ist.

Die Hirn-These ging so: Bei Frauen verlaufen die Verknüpfungen der beiden Gehirnhälften mehr horizontal, sodass beide Gehirnhälften stärker miteinander verbunden sind. Anders die Männerhirne: Hier vermutete man, dass Verknüpfungen innerhalb der Gehirnhälften stärker seien,[63] und sah das als einen Grund dafür, dass Männer dazu neigen, sich jeweils stark auf das zu fokussieren, was sie tun – und alles andere auszublenden. In der Sprache der Wissenschaftler um Ragini Verma von der Perelman School of Medicine an der Universität Pennsylvania:

> »Insgesamt deuten die Ergebnisse darauf hin, dass männliche Gehirne so strukturiert sind, dass sie die Verbindung zwischen Wahrnehmung und koordiniertem Handeln erleichtern, während weibliche Gehirne so konzipiert sind, dass sie die Kommunikation zwischen analytischen und intuitiven Verarbeitungsmodi erleichtern.«

Für die Medien war dieses Studienfazit ein gefundenes Fressen. Endlich schien alles klar, alles erklärbar: Warum Männer ihre Kinder im Baumarkt vergessen und ihre Frauen an der Autobahnraststätte. Warum Männer den Joghurt im Kühlschrank nicht finden (auch wenn er direkt vor ihrer Nase steht), aber besser einparken. Warum Männer (vermeintlich) immer gleich zielorientiert Lösungen entwickeln, während Frauen immer erstmal über Gefühle reden. Und so erklärte man sich auch die kuriose Fähigkeit von Männern, *überhaupt nichts* zu denken und zu tun – wie in Loriots legendärem Sketch »Feierabend«.[64]

> Sie: Also, was willst du denn nun?
> Er: Ich möchte hier sitzen ...
> Sie: Du kannst einen ja wahnsinnig machen!
> Er: Ach ...

Der Sketch stammt von 1977. John Grays Bestseller »Men Are from Mars, Women Are from Venus« erschien 1992. Vermas Gehirnstudie ist von 2014. Aus heutiger Sicht ist das *»Männer-sind-so-Frauen-sind-ganz-anders«-Mindset* Lichtjahre entfernt. Die junge Generation kann über die legendären Sketche von Loriot, die die scheiternde Kommunikation zwischen Frauen und Männern aufs Korn nahmen, nicht wirklich mehr lachen.

Die Zeiten haben sich geändert, die Geschlechter haben sich geändert, und der Stand der medizinischen Forschung ist ein anderer. Auf den ersten Blick macht das die Sache nicht einfacher. Auf den zweiten Blick helfen die neuen Erkenntnisse aber dabei, dass sich Menschen nicht mehr so arg verbiegen müssen, um in Schubladen zu passen, die nicht für sie gebaut sind.

Denn: Natürlich können auch Frauen ausgesprochen zielorientiert sein. Und Männer stundenlang über das schwafeln, was ihnen gerade so durch den Kopf geht. Man denke nur an die Redeanteile in endlosen Video-Konferenzen ...

Männergehirn - Frauengehirn. Was man heute weiß

Weil Männer im Schnitt größer sind als Frauen, haben sie im Schnitt auch größere Gehirne. Jüngere Studien zeigen, dass sich jegliche Vernetzungsunterschiede, die sich zwischen den Gehirnen von Männern und Frauen ergeben, nicht durch das Geschlecht erklärbar sind, sondern durch die kompaktere Bauweise kleinerer Gehirne.[65]

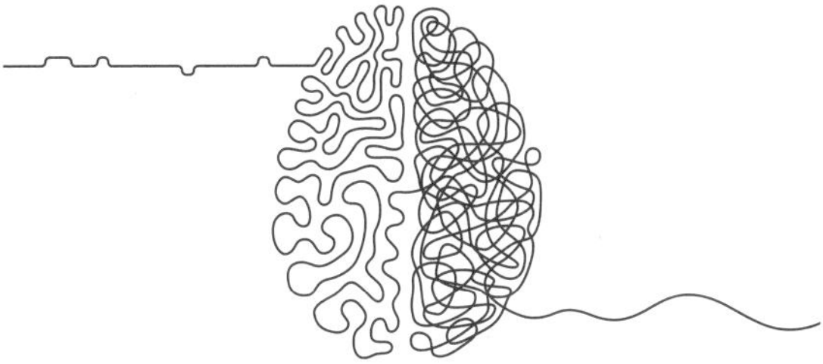

Es gibt also nicht »das« Männergehirn oder »das« Frauengehirn. Stattdessen, so vermutet man es heute, bestehen die meisten Gehirne aus einzigartigen Mosaiken von Merkmalen, von denen einige bei Frauen häufiger vorkommen als bei Männern, einige bei Männern häufiger als bei Frauen und einige sowohl bei Frauen als auch bei Männern.[66]

»Lass mich in Ruhe, ich hab meine Tage!«

Ein relevanter Geschlechtsunterschied ergibt sich allerdings durch den Hormonstatus: Im Laufe des weiblichen Zyklus verändern sich die Umfänge der verschiedenen (»grauen« und »weißen«) Gehirnsubstanzen im Hippocampus: also in der Region, die Gedächtnis und Gefühle steuert.[67]

Insofern stimmt es doch: Männer- und Frauengehirne ticken nicht ganz gleich. Aber dieser Unterschied erklärt sich nicht aus der Vernetzung, und der gilt auch nur für die Lebensphase, in der Frauen schwanger werden können. Und der kann durchaus, wenn es ums Streiten geht, sehr wichtig sein. Als Arzt und besonders als Frauenarzt möchte ich, Ludwig Spätling, auf etwas hinweisen, was bei der Entstehung und der Aufarbeitung von Konflikten eine wesentliche Rolle spielen kann. Kann, nicht muss.

Viele Frauen beschreiben, dass sie sich während des Eisprungs und auch vor der Regelblutung mental schlecht fühlen, dass sie sich »irgendwie selbst nicht leiden können«. Stimmungsschwankungen, Störungen der Konzentration, der Wahrnehmung und Aufmerksamkeit machen ihnen zu schaffen, außerdem Kopfschmerzen, Schlafstörungen, eine Tendenz zum sozialen Rückzug. Dass das so ist, liegt an den Hormonen, die den monatlichen Zyklus steuern. Wie belastend sich die Tage vor den Tagen auf betroffene Frauen auswirkt, wurde von einem Team aus Frauenärzten und Neurologen aus Hamilton, Kanada, mittlerweile präzise vermessen und beschrieben.[68]

Bei manchen Frauen ist das so stark, dass man dafür auch einen Begriff hat: Prämenstruelles Syndrom (PMS). Das hat einen richtigen Krankheitswert. Hier bestehen neben dem Unwohlsein erhebliche Einschränkungen im Kurzzeitgedächtnis und bei der Aufmerksamkeit. Das sollte von der Familie unbedingt berücksichtigt werden. Keine Frau, der es hormonbedingt schlecht geht, will andere absichtlich »ärgern«. Streiten Sie also bitte nicht »zurück« – bringen Sie lieber warme Kirschkernkissen, heißen Tee und Schokolade. (Falls Ihrer Frau das hilft.)

Es ist das Leben, nicht die Biologie

Frauen sind nicht anders als Männer, weil sie ein anderes Gehirn hätten. Trotzdem »sind« Frauen oft ganz anders als Männer. Warum? Ein wenig hat hier die Natur ihre Finger im Spiel. Und sehr viel auch unsere Kultur. Frauen werden zu Frauen, weil sie anders erzogen werden, weil anders mit ihnen gesprochen wird, weil sie andere Dinge lernen, weil es andere Erwartungen gibt.

Diese Erkenntnis ist nicht neu. Doch erst langsam kommt die öffentliche Diskussion an dem Punkt an, den die französische Philosophin Simone de Beauvoir schon vor über 70 Jahren[69] und die amerikanische Philosophin Judith Butler[70] schon vor über 30 Jahren beschrieben haben: Geschlechter werden vom Leben »gemacht« – nicht nur von den Genen.

Das kann jeder in seiner Familiengeschichte leicht überprüfen: Unsere Mütter, Großmütter und Ur-Großmütter führten zumeist ein ganz anderes Leben als ihre Ehemänner. Sie waren für das Private zuständig, für Kinder, Küche und Kirche, während sich ihre Männer um das Öffentliche, um das Politische kümmerten und natürlich um das Geld.

Frauen dagegen hatten kaum Einfluss, kaum Gestaltungsmöglichkeiten, konnten aber jederzeit durch ihre Männer gegängelt und sanktioniert werden, sogar vergewaltigt. Nicht zuletzt mag das die besondere, die vermeintlich »weibliche« Fähigkeit befördert haben, viel (weil deeskalierend) zu lächeln,[71] Emotionen genau zu erkennen,[72] auf Zwischentöne zu hören, die Kinder im Blick zu behalten und statt Klartext zu sprechen, sich lieber in Andeutungen zu flüchten – ins Sprechen über Gefühle, statt über Bedürfnisse oder gar Forderungen.

Das ist es, was die Geschlechter in früheren Generationen so unterschiedlich hat erscheinen lassen. Und das ist heute anders. (Leider nicht oder noch nicht überall.) Frauen und Männer sind heute anders. Was genau das bedeutet, was genau Männer und Frauen überhaupt sein sollen oder sein können, darum wird aktuell erbittert gestritten. Doch darum geht es in diesem Buch nicht. Hier geht es um eine viel grundsätzlichere Frage:

Wie können Menschen in Paarbeziehungen so miteinander sprechen, dass ihre Liebe leben kann? Und mehr noch: Dass sie immer weiterwachsen kann?

Um diese Frage zu beantworten, greifen wir auf ein Konzept zurück, das ursprünglich auch entlang der (vermeintlich biologisch begründeten) Grenzen zwischen Mann und Frau definiert wurde. Das sich aber, auch wenn man es von diesem Ballast befreit, immer noch als hilfreich erweist.

Reden zwischen Weg und Ziel

Auch wenn es zwischen der Bausubstanz der Gehirne in Männer- und in Frauenköpfen keinen messbaren Unterschied gibt, wissen wir aus unserem Alltag doch auch: Es gibt diese Menschen, die in jeder Diskussion ganz schnell auf den Punkt kommen: »Alles klar, das machen wir jetzt so oder so.« Häufig sind das Männer. Viele von ihnen kommunizieren »zielorientiert« oder »ergebnisorientiert«. (Viele auch nicht.)

Ob wir diesen »männlichen Fokus« auch dann wahrnehmen, wenn er gar nicht auftritt, einfach weil wir ein solches Verhalten von Männern erwarten? Oder: Ob Männer tendenziell fokussierter kommunizieren, weil man es ihnen von Kindheit an so beigebracht hat? Schwer zu sagen.

Jedenfalls gibt es Menschen, die schnell auf den Punkt kommen. Und dann gibt es Menschen, die sehr gerne und sehr viel reden. Die munter von Thema zu Thema springen. Die ihre

Assoziationsketten mal in diese Richtung auswerfen und dann doch wieder in eine andere. Oft sind das Frauen. Viele von ihnen kommunizieren »prozessorientiert«. (Auch hier: längst nicht alle.)

Über traditionelle Paarbeziehungen sagt man, Männern falle es leichter, Entscheidungen zu treffen, während Frauen dieses und jenes noch einmal ansprechen wollen, also das komplette Feld »drumherum«, bevor sie sich, also: vielleicht!, für dieses oder jenes entscheiden, aber auch nur, wenn man es noch einmal umtauschen kann, falls man doch wieder unsicher ist ...

Hand aufs Herz: geschmunzelt? Jeder von uns kennt diese Situationen. Doch das heißt nicht, dass sie genauso gut nicht auch mit verteilten Rollen vorkommen könnten oder in Männerbeziehungen oder in Frauenbeziehungen. Schauen wir uns die Sache also abstrakter an: Was ist der Unterschied zwischen ergebnisorientiertem und prozessorientiertem Denken und Handeln? Und warum kann er Streit auslösen?

Prozessorientierung vs. Ergebnisorientierung

Wer *ergebnisorientiert* denkt und handelt, der ist fokussiert. Der kann sehr gezielt eine Leistung abrufen. Das ist zum Beispiel ein Effekt, der besonders in Gefahrensituationen sehr gut funktioniert. Gerade in komplexeren Gefahrensituationen gelingt es den Männern, sich auf das zu konzentrieren, was unbedingt wichtig für die Lösung des Problems ist. Und Frauen natürlich auch. Denn dieser extreme Fokus ist eine natürliche Folge der physiologischen Stressreaktion, die im menschlichen Körper eingebaut ist, seit es Menschen gibt.

Wer *prozessorientiert* denkt und handelt, dem geht es um eine gefühlsmäßig verbindende Kommunikation. Alternativ kann man auch von sozial-emotionaler Kommunikation sprechen. Für Frauen ist es oft leichter, sozial-emotionale Informationen in gegenseitigen Bezug zu setzen. Viele Studien bestätigen ihre besonders ausgeprägten Fähigkeiten, Emotionen zu erkennen und darauf zu reagieren.[73]

Unserer Erfahrung nach treffen in einer Paarbeziehung oft zwei Menschen aufeinander, von denen der eine so und der andere anders kommuniziert. Das heißt nicht, dass Männer keine *sozial-emotionale Kommunikation* können und Frauen keine *Ergebniskommunikation*. Nein! Doch weil die allermeisten Frauen und Männer, die heute in Paarbeziehungen leben, immer noch in den Kategorien »rosa« und »blau« erzogen wurden, fällt vielen Frauen eben das eine und vielen Männern das andere leichter.

Dabei ist die unterschiedliche Art zu kommunizieren häufig der Auslöser für Missverständnisse, Streit und Frust. »Immer triffst Du sofort irgendeine Entscheidung! Immer weißt Du alles besser! Immer meinst Du gleich, ›der Fall ist klar‹! Du bist so respektlos!« Auf der anderen Seite: »Nie kannst Du Dich entscheiden. Nie sagst Du klar, was Du willst. Du machst mich mit Deinem ewigen Hin-und-Her wahnsinnig!«

Was produziert Ihr Kopfkino? Was hat die Frau gesagt, was der Mann? Hier hat wohl jeder seine eigenen Erfahrungen, vielleicht auch stereotype Vorbehalte.

Jedenfalls: Wer über die Unterschiede Bescheid weiß, gerät seltener in die Streitspirale als Frauen oder Männer, die davon überzeugt sind, dass jeder Mensch, der nicht ganz genauso denkt, handelt und redet wie sie selbst, sich ganz, ganz dringend ändern muss.

Das Beharren auf dem So-sollte-es-Sein kann Paare in eine regelrechte Konflikttrance bugsieren, in der dann gar nichts mehr geht. Was hilft?

Mal wieder: reden. Aber: richtig reden.

Wie geht das?

Raus aus der Konflikttrance

»Ich glaube, wir müssen da vorne abbiegen.« »Was soll das bedeuten: ›ICH GLAUBE‹!? Soll ich da nun abbiegen, oder nicht?« »Ich bin mir nicht sicher, ich konnte das Schild nicht richtig erkennen.« »Wenn ich so unkonzentriert wäre, wie Du es immer bist, würde ich auch NICHTS erkennen.« »Ich bin nicht unkonzentriert.« »Doch, bist Du. Die Unterschriften für die Steuererklärung hast Du auch vergessen.« »Hast DU denn daran gedacht?« »Als wir bei meinen Eltern waren, habe ich Dich noch daran erinnert.« »Der Elternbesuch war sowieso wieder grauenhaft.« »Was hast Du immer gegen meine Eltern? Immerhin nehmen sie jede Woche die Kids.« »Während DU zum Tennis gehst und ich die Wohnung aufräume.« »Niemand zwingt Dich dazu, gerade DANN aufzuräumen.« »Ach? Und wann räumst DU mal auf?« »ICH? DU mit Deinem Ordnungsfimmel. Für mich ist alles ordentlich genug. Ich mache außerdem die Steuer, das ist viel mehr Arbeit. Das VERGISST DU IMMER gern.« »Wäsche und Steuer. NA TOLL! DAS sind jetzt unsere Themen? DAS ist jetzt unsere Beziehung!?...«

Hölzchen und Stöckchen

Beziehungsalltag oder Fernsehserie? Was heißt hier *oder*? Natürlich haben wir die Sache ein wenig überspitzt. Dennoch: Dass wir Dialoge dieser Art mithören, in einer Sitcom anschauen oder selbst auf die Wohnzimmerbühne bringen, ist – leider – Lebensalltag. Die Möglichkeiten, immer mehr Öl in die Flammen derartig destruktiver Gespräche zu gießen, sind endlos. Hier eine kleine Auswahl aus der *Giftküche* der Beziehungskommunikation (Warnschild: »Bitte nicht nachmachen!«):

- **Vom Hölzchen aufs Stöckchen**: Wenn Sie richtig schlimm streiten wollen, springen Sie möglichst wild von Thema zu Thema. Erst unterstellen Sie charakterliche Defizite, dann schimpfen Sie auf die Ursprungsfamilie Ihrer besseren Hälfte, dann bringen Sie Hobbys ins Spiel, den Haushalt, die Steuererklärung. Und dabei spritzen Sie zusätzlich das schlimmste Supergift:

- **Immer das letzte Wort behalten**: So lässt sich selbst der banalste Streit über Stunden ausdehnen. Oder Sie wählen eine andere, ebenfalls destruktive Strategie:
- **Alles rausballern und dann schweigen**: Manch ein Streithahn empfindet es so: Was raus ist, das ist weg und vergessen. Was eigentlich gesagt wurde, liegt im Nebel. War da etwas?
- **So unkonkret wie möglich**: Wer immer neue Zündhölzer sucht, um weiter am Streit zu zündeln, findet Nachschub in Dingen, die vor Wochen, Monaten und Jahren passiert sind. Außerdem in möglichst unkonkreten Äußerungen wie »Ich fühle mich irgendwie insgesamt nicht wohl mit Dir«. »Ich finde ziemlich viel in unserer Beziehung suboptimal, weiß aber auch nicht genau, was mich stört.«
- **Wiederkäuen**: Wieder andere Streitexperten spezialisieren sich auf komplizierte Rekonstruktionen von Tathergängen: »Da hast Du aber ja noch das und das gesagt und da das ...« Verfügen Sie über ein exzellentes Gedächtnis, versetzt Sie das in die Lage, längst ausgestandene Konflikte noch Jahre später wiederzukäuen.

Wer so kommuniziert, kann sicher sein: Es gibt keinen Konflikt und kein Problem, von dem man sich verabschieden muss. Und jeden Tag geht man wieder genervt auseinander, man ist frustriert, jeder ist ein Stück sauer, enttäuscht oder wie auch immer. Bitte: NICHT. Nicht so.

Doch so seltsam das klingt: Manche Menschen brauchen das. Weil sie es von ihrer Ursprungsfamilie nicht anders kennen. Permanenter Stress und Ärger ist für sie eine Art Default-Setting, in das sie immer wieder zurückfallen. »Das Streiten kann als ein Mittel dienen, sich zu vergewissern, dass der andere noch da ist – es erfüllt eine Doppelfunktion«, schreibt der US-amerikanische Psychologe und Sexualtherapeut David Schnarch.[74]

Was kann man da tun? Kann man überhaupt etwas tun? Ja – man kann: Aufhören.

Die Drei-Minuten-Regel

Bei einem Streit, der länger als drei Minuten dauert, geht es nur noch ums Rechthaben. Es geht nicht mehr ums Thema, es geht nicht mehr um eine Konfliktlösung. Deshalb ist es besser, aus der toxischen Streitküche herauszukommen und etwas anderes zu tun. Mindestens 24 Stunden lang.

Nach dieser Zeitspanne kommen Sie wieder zueinander und überlegen gemeinsam, warum sie wieder in die Streitspirale geraten sind, wie Sie sich darin zur Weißglut gebracht haben, worum es eigentlich ging, und was Sie das nächste Mal anders machen könnten. Damit es nicht zu einem so schlimmen Streit kommt. Oder zumindest zu einem »milderen Verlauf«.

Klar: Konflikte dürfen sein. Müssen manchmal sein. Können auch zu einem guten Ende führen, wenn sie konstruktiv ausgetragen werden. Das werden sie dann, wenn Paare einen Konflikt nutzen, um sich auszutauschen, um Unterschiede wahrzunehmen, um unterschiedliche Sichtweisen auseinanderzudröseln.

Darum: Wenn Sie merken, es schaukelt sich hoch, brechen Sie ab! Hören Sie einfach auf zu sprechen. Im Sinne von »Stopp, hier ist jetzt Schluss«.Dabei kann es sinnvoll sein, gerade nicht »Stopp!« zu rufen, sondern etwas anderes, etwas mit mehr Witz. Denn das »Stopp!« ist immer noch Teil des Konflikts, Teil der Auseinandersetzung darüber, wer denn nun jetzt der Stärkere ist, wer Recht hat, wer den Gesprächsverlauf bestimmt. Ein witziges Stoppwort ist so etwas wie ein Schleudersitz für beide. Sobald einer ihn auslöst, ist Szenenwechsel angesagt. Einen solche Notknopf kann man vereinbaren.

Dracula! Makkaroni! Was kosten die Schweine?

Es gibt einen einfachen Trick, um destruktive Eskalationsspitzen zu vermeiden: Ein *Stoppwort*, das überhaupt nichts mit den typischen Konflikten zu tun hat. Gerne darf es so aus dem Kontext fallen, dass es sich absurd anhört. Eine Kollegin, die auf einem Bauernhof aufgewachsen ist, hatte mit ihrem Mann einen ganzen Satz als Code vereinbart: *»Was kosten die Schweine?«* Auch einzelne Worte funktionieren sehr gut. Wie wäre es mit »Dracula« und »Makkaroni«?

Es ist gut, einen Stopp zu vereinbaren und zu wissen: Der Konflikt ist damit nicht unter den Teppich gekehrt. Wir klären das später.

Abwarten und abkühlen

24 Stunden im emotionalen Abklingbecken stellen unserer Erfahrung nach einen guten Abstand zwischen Streit und Klärung dar. Das hat einen physiologischen Grund.

Wenn Sie sich einmal hochgeschaukelt haben, dann haben Sie jede Menge Stresshormone im Blut: Adrenalin[75] und Cortisol.[76] Gerade Cortisol hat im Blut eine relativ lange Halbwertszeit. Und solange Stresshormone durch ihre Schläfen pulsen, ist ihr ganzes Denken und Handeln im Hilfe-ein-Säbelzahntiger!-Modus: Pulsrasen, Tunnelblick, hohe Muskelanspannung – und das alles, während Ihre Fähigkeit zu Denken komplett ausfällt. Alles, was Ihrem Hirn unter Stress einfällt, ist Kampf oder Flucht. Beides sind keine guten Voraussetzungen, um ein strittiges Thema in Ruhe so auszudiskutieren, dass am Ende eine vernünftige Lösung steht. Und dass keiner verliert. Denn das ist eine Erkenntnis, die unserem Eindruck nach viel zu wenig verbreitet ist:

Wenn einer im Streit den Kürzeren zieht, dann verlieren immer beide.

48 Stunden sind das Maximum des Sicherheitsabstands zwischen emotionaler Explosion und rationaler Diskussion. Länger zu warten empfiehlt sich nicht. Denn nach zwei bis drei Wochen ist Gras über die Sache gewachsen. Dann haben sie zwar noch einen Blindgänger unter der Grasnarbe, wissen aber nicht mehr, wo der Zünder sitzt.

Im Nachgang tut vielen Menschen das, was sie im Streit gesagt oder getan haben, aufrichtig leid. Doch wenn es einmal raus ist, dann ist es gesagt. Ich, Ludwig Spätling, habe Paaren deshalb schon oft ans Herz gelegt: »*Erst denken, dann reden!*« Es dauert nur wenige Sekunden, sich kurz zu überlegen, was das, was man als Nächstes sagen möchte, beim Gegenüber bewirken könnte. Rührt es an schmerzhafte Punkte? An alte Verletzungen? An heiße Eisen? Dieser kurze Sicherheitscheck ist in allen Lebensbereichen von Vorteil.

Ab nach draußen!

Nach dem *Stopp* ist es gut, sich kurzfristig aus dem Weg zu gehen. Sonst geht es gleich wieder los. Das ist nicht einfach, wenn man im pandemiebedingten Lockdown sitzt oder nach einer Virusinfektion gemeinsam in Quarantäne.

Viele Familien erleben dies seit Anfang 2020 über Wochen – nicht immer geht das gut aus. Studien aus der ganzen Welt zeigen, dass das Eingesperrt sein in den eigenen vier Wänden schon nach wenigen Tagen zu Stress, zu Wut, Reizbarkeit und Verwirrung bis hin zu posttraumatischen Belastungsstörungen[77] führt. Wie schafft man unter diesen Bedingungen trotzdem Sicherheitsabstände? Wo findet man Raum für sich selbst?

Indem man unkonventionell denkt: Zehn Minuten Treppenhaus oder Keller, Badezimmer oder Balkon, eine halbe Stunde in den Supermarkt – das sind immerhin Möglichkeiten. Man kann durchaus auch vereinbaren, dass bestimmte Räume mal dem einen Partner zur Verfügung stehen und mal dem anderen. Und sei es nur für eine Stunde. Dazu braucht es den guten Willen aller Beteiligten, sonst geht es nicht. Wenn etwa der eine »im Wohnzimmer zehn Stunden am Tag Chefetage spielt, während man selbst Kinder, Haushalt und Homeoffice unter einen Hut bringen muss«[78] – explodiert irgendwann der andere. Oft spielt der Mann Chef, und die Frau ist diejenige, die in die Luft geht.

Die Coronakrise hat gezeigt, dass die Rollenverteilung tatsächlich überwiegend diese ist. Gleichberechtigung hin oder her – auch in Deutschland haben wir einen »Gender Care Gap«. Corona hat die ungleiche Aufgabenverteilung nicht verursacht, sondern lediglich sichtbar gemacht.

Nicht reden geht nicht

»Sag lieber nichts, das macht alles noch schlimmer!« Das ist ein Spruch, mit dem unsere Mütter und Großmütter groß geworden sind, der aber heute nicht mehr in die Zeit passt. Unsere Gesetze garantieren den Frauen in einer Beziehung Gleichwertigkeit und Schutz. Jeder darf mitreden, mitentscheiden. Auch wenn es bei den besten Paaren einmal kracht, auch wenn in den tollsten Familien mal die Wogen hochgehen – das gilt. Und die meisten Menschen in Deutschland erkennen das auch so an.

Das macht nicht nur Beziehungen glücklicher, das macht auch Männer und Frauen gesünder. Eine Untersuchung der Universität Wollongong in Australien aus dem Jahr 2008 zeigt, dass es in einer Beziehung Männer und Frauen langfristig unglücklich macht, wenn Frauen Konflikte vermeiden, statt sie auszutragen.[79] Die zufriedensten Paare waren diejenigen, die es nicht vermieden, Beziehungsprobleme anzusprechen, und die sich gegenseitig für »emotional intelligent« hielten.[80]

Unsere Praxis zeigt: Wenn ein Störgefühl da ist, weil es zu einer Enttäuschung oder einer nicht erfüllten Erwartung gekommen ist, muss es geklärt werden. Denn: Was sie nicht ansprechen, müssen sie leben.

Anders gesagt: Ihre Wut drückt dann wie kochendes Wasser von innen gegen den Deckel. Sie sprudelt immer wieder hervor, ob sie es wollen, oder nicht.

Da brodelt es dann in Ihnen. Und in Ihrem Partner. Und dann legt der eine dem anderen die schmutzige Bratpfanne ins Bett aus Ärger, dass er wieder nicht gespült hat. Und dann wäscht der andere dem einen das hässliche Hemd bei 90 Grad kaputt. Aus Versehen, natürlich. Wir alle kennen diese Dynamiken.

Ein Paar ist ein Team für den härtesten und längsten Mannschaftssport, den man sich überhaupt vorstellen kann: Alltag. Und ein Team funktioniert nur, wenn das Spielfeld für beide aufgeräumt ist. Ist es das nicht, stolpert man sich jeden Tag gegenseitig über die Füße, und auch noch über die eigenen.

Deshalb muss jeder sagen, was Sache ist. Was für ihn funktioniert und was nicht. Welche Regeln, Gerätschaften und Hilfestellungen er braucht, um jeden Tag das Beste aus sich herausholen zu können. Damit es beiden gut geht, muss jeder FÜR SICH SELBST sprechen und geradestehen. Denn, so unwahrscheinlich es auch etlichen Streitenden vorkommt: *Niemand kann Gedanken lesen!*

Anders gesagt: Bedürfniskommunikation ist nicht delegierbar. Was heißt das? Konkret?

ICH sehe das so!

»ICH habe dich so erlebt.« »ICH sehe das so.« Das ist etwas anderes, als wenn ich sage: »DU bist so.« »DU solltest anders sein.«

Es ist wenig erstaunlich, dass jemand, dem man im Brustton der Überzeugung erklärt, wie er eigentlich ist, was er wirklich will, wie er besser sein sollte, gekränkt ist. Derartige Unterstellungen *sind* Kränkungen, wie sie im Buche stehen. Und was machen wir, wenn wir uns gekränkt fühlen? Sogar angegriffen?

Wir schlagen zurück – das ist der Kampfmodus. Oder wir ziehen den Kopf ein – das ist der Fluchtreflex. In beiden Fällen schaltet sich unser Hirn vorsichtshalber ab, steht dann also für eine ruhige und rationale Konfliktlösung leider nicht mehr zur Verfügung.

Das ist der Grund, warum in einer Beziehung beide Partner davon profitieren, wenn sie sich mit dem Thema »Ich-Botschaft« beschäftigen. Gut möglich, dass Sie davon schon gehört haben, vielleicht sogar allzu oft, und jetzt genervt weiterblättern wollen.

Moment. Nicht so schnell. Es geht bei dieser Art der Ich-Kommunikation nicht um eine oberflächliche Technik, bei der man sich möglichst »achtsam« geben soll, bei der man möglichst oft »Ich habe das so erlebt« und »Was macht das mit Dir« und was der aktuelle Lifestyle-Sprech noch an Glückslösungen aus der Trickkiste ziehen mag.

Es geht um mehr. Es geht um Ihre Werte. Es geht um Ihre Weltbilder. Und die verhalten sich ein wenig so wie die Plattentektonik der Erde: Prallen sie aufeinander, brechen Vulkane aus. Warum so heftig?

ICH-Botschaft – was war das noch?

Ich-Botschaften sind Nachrichten mit persönlichem Selbstoffenbarungsanteil. Im Gegensatz zu Du-Botschaften können sie die Situation entschärfen und führen zu mehr Offenheit und Akzeptanz im Gespräch.

Du-Botschaften hingegen werden vom Gegenüber oft als Kritik aufgefasst und provozieren Widerstand und ungewünschte Gegenreaktionen.

Achtung, explosiv!

Die eine findet das Bad total gemütlich, die andere unerträglich unordentlich. Für den einen ist eine Kreuzfahrt wie ein schwimmendes Schlaraffenland, für den anderen ein Höllentrip. Für die Nächste ist der schönste Restaurant-Moment das Selfie für Instagram, für den anderen das gemeinsame Reden nach dem Essen. Das wiederum findet ein Dritter furchtbar, der nach 18 Uhr nichts mehr essen mag, weil er intervallfastet.

Frage: Was ist denn nun richtig? Antwort: Alles. Wir alle haben unsere eigenen »Konstruktionen«[81] davon, wie die Realität aussieht. Jeder sieht auf die Realität aus seiner Sicht. Das ist der Grund dafür, dass Menschen von der gleichen Sache ein ganz unterschiedliches Bild haben können. Und alle Bilder sind erst einmal gleich richtig! Oder weder richtig noch falsch. Sie sind gleich gültig.

Zwar gaukelt unser Verstand uns gerne vor, dass unser Standpunkt die Wahrheit ist, also die Realität. Dass wir mit unserer Sicht auf die Dinge also recht haben und dass sich der oder die andere dieser Sichtweise anschließen sollte. Bitte. Jetzt.

Was typischerweise folgt? Augenbrauen: ziehen sich hoch. Augen: gucken genervt. Hirn: startet Selbstgespräch-Autoplay. »Wenn sie noch ganz bei Trost ist …«, »Wenn sie nur eine Sekunde nachdenkt …«, »Wenn noch ein Funken Verstand in ihrem Hirn zu finden ist …«. Hoffentlich bleibt es bei einem stillen Selbstgespräch – sonst sind wir gleich wieder beim Thema Kränkung.

Wahrheit ist die Erfindung eines Lügners, heißt ein Buch aus dem Jahr 2006.[82] Mit der These: Es gibt keine Wahrheit im eigentlichen Sinne. Es gibt immer nur mein eigenes Erleben, und das kann tatsächlich ganz anders sein, als das meines Partners.

Dass an dieser These etwas dran ist, zeigt sich immer dann, wenn die Polizei sich mit Zeugen auseinanderzusetzen hat. Da berichten die Zeugen, als ob sie bei ganz anderen Episoden dabei gewesen wären und nicht am selben Ort waren. Jeder

nimmt es anders wahr. Wahrnehmung ist subjektiv, nicht objektiv.

Wichtig: Das alles gilt nur für *Wahrnehmung* im engen Sinne. Es gilt nicht für *Fakten*. Wenn jemand also behauptet, Männer können nicht fühlen und Frauen nicht denken, die Erde sei eine Scheibe und die Mondlandung eine Erfindung aus Hollywood – dann ist das alles objektiv falsch. Quatsch. Unsinn. Darüber muss man nicht diskutieren.

Man muss aber auch nicht diskutieren, wenn man meint: »Du siehst das falsch.« Man sollte es nicht tun. Weil es dabei nicht um richtig oder falsch geht, sondern ums Rechthaben. Da ist es wichtig herauszukommen. Und dabei hilft ein Perspektivwechsel. Weg vom Scharmützel, hin zu den Werten, auf die es wirklich ankommt: Auf das JA zur Partnerschaft. Auf das JA zur Familie. Auf das JA zu dem Menschen, mit dem ich mein Leben verbringen will.

Sag niemals immer

Es ist ein alter Hut, gerät aber trotzdem gerne in Vergessenheit: Vermeiden Sie die Reizworte IMMER, NIE, STÄNDIG, DAUERND. Verallgemeinerungen führen nur zu Abwehrreaktionen, die sehr heftig ausfallen können. Was sogar verständlich ist: Woher nimmt sich ein Mensch das Recht, einen anderen pauschal abzuqualifizieren? Und: Wenn der andere recht hätte – welchen Wert hat dann noch die gemeinsame Arbeit an der Beziehung? Denn: »Wenn ich immer so bin, *dann hat es ja sowieso keinen Zweck.*«

Gefühle ausgraben, Gefühle sortieren

Manchmal versteckt sich das Glück. Die gemeinsamen Gefühle sind verschwunden. Wo ist die Liebe hin, wenn man sie nicht mehr fühlt?

Oft sind sie gar nicht weg, sondern nur verschüttet. Untergegangen im Alltagstrubel. Im täglichen Stress, den Paare nicht nur deshalb haben, weil sie noch nicht optimal miteinander reden. Sondern ganz einfach deshalb, weil das Leben hier und heute nicht optimal zu Familien passt: die Arbeitszeiten sind oft zu lang, der Stress zu hoch, die Kinderbetreuung schlecht, die Mieten zu teuer, und der Monat geht einfach weiter, auch wenn das Geld schon alle ist.

Wie kommt man da durch, ohne zu verzweifeln? Wie holt man sich das Glück zurück? Wie findet man Gefühle wieder, wenn man nichts mehr fühlt?

Indem man den Wust an Gefühlen, den man ja doch immer wieder hat, in zwei Schubladen sortiert. In die eine Schublade kommen »primäre Gefühle«, in die andere kommen »sekundäre Gefühle«. Was ist nun das schon wieder?

- **Ein »primäres Gefühl«** ist das, was spontan im Bauch passiert: »Ich freue mich, weil du mir einen Kaffee gekocht hast.« »Ich bin überrascht, weil du mir Blumen bringst.« »Ich bin voller Hoffnung, weil ich einen positiven Schwangerschaftstest in der Hand halte.« Oder: »Ich fühle mich ängstlich, weil du unsere Verabredung vergessen hast und ich jetzt allein im Restaurant sitze.« »Ich bin verletzt, weil du nicht kommst.« »Ich fühle mich beschämt, hier so allein zu sitzen.«

- **»Sekundäre Emotionen«** schieben sich zeitversetzt über das erste, das primäre Gefühl. Zum Beispiel: »Ich fühle mich unterstützt und wertgeschätzt, wenn du mir Aufmerksamkeiten bringst.« Oder: »Ich fühle Ärger und Wut, weil du mich hast sitzen lassen.« »Ich finde dein Verhalten respektlos.« Die sekundäre Emotion ist ein »interpretiertes« Gefühl.

Wer diese beiden Gefühlskategorien unterscheiden kann – das ist zugegebenermaßen gar nicht so einfach –, der kann bei einem Streit auf der richtigen Welle senden. Er braucht dann nicht zurückzuschießen, weil ihm Respektlosigkeit vorgeworfen wurde, sondern kann auf das reagieren, worum es wirklich geht: der tiefe Herzschmerz über den Verlust der gemeinsamen Liebe. Und dann sagen: »Es tut mir so leid. Ich wusste vor Stress nicht, wo mir der Kopf steht. Ich liebe Dich so sehr, dass ich es kaum in Worten sagen kann …« Das ist es, was wohltut. Was Wunden heilen lässt. Nicht die Rechthaberei.

Ein schlimmes primäres Gefühl ist wie das aufgeschlagene Knie eines Kindes, sagt der Berliner Paartherapeut Clemens von Saldern:[83]

> »Wenn wir wollen, dass der andere sich beruhigt, also auch nicht immer mit den gleichen Vorwürfen um die Ecke kommt, müssen wir trösten. Und das heißt anerkennen. Erst durch die Anerkennung der Not wird sich der andere beruhigen können. Im übertragenen Sinne müssen wir also auf die Wunde pusten, damit der Schmerz nachlässt.«

Ich, Helmut Flecks, erinnere mich an ein älteres Ehepaar in der Praxis. Die beiden haben sich die Dinge von vor zehn, vor 15 Jahren um die Ohren gehauen, bis ich eingreifen musste: »Stopp, hier müssen wir sofort aufhören.« Für mich schien es so, als hätten die beiden eine riesige Sammlung an negativen primären Gefühlen unter den Teppich gekehrt, die sich dort allesamt in eine hochexplosive Wutmischung verwandelt haben. Im sichereren Rahmen der Praxis kam dann alles hoch. Es war beängstigend.

Damit es so weit erst gar nicht kommt, hilft es, in streitfreien Zeiten vorsichtig unter den gemeinsamen Teppich zu gucken: »Was haben wir noch für alte Probleme in unserer Partnerschaft?« »Haben wir noch Vorwürfe an den anderen?« »Wo habe ich etwas nicht bekommen, das ich mir erhofft habe?« »Wo habe ich mir was anders gewünscht?« Solche Fragen. Wenn Sie diese Fragen als Paar für sich geklärt haben, dann haben sie eine Menge Sprengstoff schon im Vorhinein so entschärft, dass sich hinterher niemand evakuieren muss.

Besser: Wertschätzen

Jeder Mensch hat ein Urbedürfnis nach Liebe und Anerkennung. Deshalb ist es so wichtig, dass wir eine Grundhaltung entwickeln, mit der es schier unmöglich ist zu kränken. Diese Haltung heißt *Wertschätzung* – und dieser Wert ist mir, Ludwig Spätling, ganz besonders wichtig.

Wertschätzung heißt, dass wir unsere Partnerin oder unseren Partner mit allen Ecken und Kanten akzeptieren. Dass wir diesem Menschen auf Augenhöhe begegnen und mögliche

Probleme als Herausforderung annehmen. Nicht alles, was nicht auf Anhieb rundläuft, ist gleich eine »rote Line«. Heißt Trennung.

Wertschätzung meint die grundsätzliche Bereitschaft, unser Gegenüber *positiv* zu sehen. Auf dieser Grundlage kann eine tiefe Verbundenheit entstehen. Auf der Basis von Misstrauen, von Unterstellungen und Kontrollwahn dagegen wächst Liebe eher nicht.

Eine Voraussetzung für wertschätzende Haltung ist eine gewisse Wachheit für das, was gerade passiert. Eine Sensibilität für Situationen, für Stimmungen. Dabei geht es zuerst um das intensive Erfassen und das wertfreie Akzeptieren der aktuellen *eigenen* Situation. Im zweiten Schritt geht es um die Kunst, diese feine Wahrnehmung und grundsätzliche Akzeptanz auf andere Menschen zu übertragen

Diese Kunst wird heute oft *Achtsamkeit* genannt. Achtsamkeit ist mit Respekt und Achtung vor den Menschen verbunden. So wird man aufmerksam, erkennt das Gute im Partner und kann dieses auch – das Wort klingt ein wenig altbacken, ist aber gerade in unserer stressigen und durch »Hassreden« geprägten Zeit wieder besonders wichtig: *loben.*

Menschen sind empathiebedürftige Wesen. Sie brauchen das Lob des Einzelnen, aber auch das Lob der Gruppe. Ein begründetes Lob ist immer ein Zeichen von Wertschätzung. Dabei tut Wertschätzung nicht nur meinem Gegenüber gut, sondern auch mir selbst.

Schmeicheleien sind nicht gemeint. Lob muss glaubhaft sein, nicht inflationär geäußert werden. Authentisches

Lob motiviert. Viele Studien zeigen, dass Menschen sich mehr zutrauen und dass sie erfolgreicher sind, wenn sie gelobt werden – das gilt für Erwachsene und Kinder gleichermaßen.

Zur Wertschätzung gehört auch die *Dankbarkeit*. Dankbarkeit macht auch den, der dankt, glücklich, gesünder, verbessert die Partnerschaft und schafft damit ein gutes Umfeld.

Die höchste Form der Wertschätzung aber ist die Liebe. Und diese muss gepflegt werden. Liebe ist ein Geschenk, für das man immer etwas tun muss, damit es bleibt.

Äh … was!? Die Kunst des Zuhörens.

Im Streit gerät ein sehr wichtiger Punkt manchmal aus dem Blick: Sie sprechen hier tatsächlich mit dem wichtigsten Menschen in Ihrem Leben, also mit der Frau, mit dem Mann, den Sie für Ihre Partnerschaft gewählt haben. Und wenn Sie schon mit diesem wichtigen Menschen sprechen - sollten Sie ihm dann nicht auch zuhören? Ein Radio, das nur immerzu sendet, aber nichts empfängt, kann nicht zuhören. Manche Menschen kommunizieren wie Radios, und merken es nicht einmal. (Falls Sie nicht sicher sind, ob Sie dazugehören, schalten Sie kurz Ihren Sender aus und fragen nach …)

Aufmerksames, offenes, konzentriertes Zuhören ist auch eine Form der Wertschätzung. Es zeigt, dass Sie wirklich wissen wollen, was Ihr Gegenüber erzählen möchte. Dass Sie sich wirklich für die andere Person interessieren. Nachfragen: »Wie hast Du das denn gemeint?« »Habe ich das jetzt richtig verstanden?« Und dass Sie am Schluss ein ehrliches Dankeschön formulieren: »Das ist toll, dass Du so offen bist.« Oder »Das hat mir jetzt wirklich weitergeholfen. Jetzt kann ich Dich besser verstehen«.

Wenn Streit ein gutes Zeichen ist

Sich wirklich verstehen. Ist es das, was das Glück zu zweit vor allem ausmacht? Der Schweizer Psychoanalytiker Jürg Willi (1934 bis 2019), dessen Buch *Die Zweierbeziehung* den Blick der Öffentlichkeit auf die Wunder und Abgründe der Liebe in den 1970er Jahren revolutioniert hatte und der 2007 in einem weiteren Buch noch einmal neu über *Die Kunst des gemeinsamen Wachsens* nachdachte, sieht das nicht so.

Er sieht in Zweierbeziehungen zwar eine starke »Sehnsucht nach voller Harmonie« – diese müsse aber immer ein Stück weit Illusion bleiben. Es brauche »die Spannung des Nie-ganz-zueinander-Passens und des Einander-nie-ganz-Verstehens«. Aus seiner Praxiserfahrung weiß er, dass sich Liebespaare einander auch nicht »bedingungslos anvertrauen« und dass sie nicht einmal besonders offen miteinander sind. Im Gegenteil erfuhr er in seinen Gesprächen oft innerhalb weniger Minuten Sachen, die sich Paare dreißig Jahre lang verschwiegen hatten. Darum sagt er:[84]

> »Eine Liebesbeziehung ist eigennützig. Sie muss jedem Einzelnen etwas bringen. Dieser Eigennutz ist nicht egozentrisch. Er muss in einer differenzierten Weise vom Partner beantwortet werden.«

Was Willi damit meint, lässt sich mit einem Bild aus der Musik erklären: Jeder von Ihnen weiß, wie kraftvoll Duette wirken – also Stücke, die eine Frau und ein Mann gleichzeitig singen. Welche Salven von Gänsehaut sie einem über den Rücken schießen lassen: Papageno und Papagena, Louis Armstrong und Ella Fitzgerald, Freddy Mercury und Montserrat Caballé, Lady Gaga und Bradley Cooper, Beyoncé und Ed Sheeran.

Man muss kein Fan dieser Stars sein, um zu spüren: Da passiert etwas Besonderes. Und dieses Besondere passiert, weil zwei Stimmen eben nicht miteinander verschmelzen. Sondern weil die eine Stimme die andere zum Strahlen bringt. Sie so über sich hinauswachsen lässt, wie es sich keiner von beiden zuvor überhaupt hat vorstellen können.

So ist es auch in der Liebe.

Damit das gelingt, braucht es nicht nur bestimmte Kommunikationstechniken oder bestimmte Fertigkeiten der Konfliktlösung, es braucht vor allem *innere* Entwicklung.[85]

Für das Glück zu zweit braucht es zwei starke Einzelne

David Schnarch, Autor des Bestsellers »Die Psychologie sexueller Leidenschaft«, nennt die Notwendigkeit der inneren Entwicklung eine »Feuerprobe«.[86]

Warum so drastisch? Weil es hier um persönliche Werte geht und um die vielleicht wichtigste Entscheidung, die ein Mensch in seinem Leben trifft: Woran möchte ich festhalten? Daran, wie ich glaube, zu sein oder sein zu müssen – also an einer bestimmten Version von mir selbst? Oder: An meiner Partnerschaft?

Das heißt, dass ich in die Notwendigkeit der gemeinsamen Weiterentwicklung einwillige – also bereit bin, mich auch selbst weiterzuentwickeln. Mich zu verändern für die gemeinsame Beziehung, indem ich gleichzeitig immer kooperationsfähiger werde und gleichzeitig immer eigenständiger.[87] Das muss man nicht so entscheiden. Man kann sich auch dafür entscheiden, die Partnerschaft aufzugeben, um sich selbst nicht verändern zu müssen. Schnarch erklärt das so:[88]

> »Differenzierung bedeutet, kurz gesagt, dem geliebten Menschen gegenüber an uns selbst festzuhalten und auf diese Weise unsere unverwechselbaren Konturen herauszuarbeiten.«

Wenn Sie sich in ihrer Beziehung häufig »in die Haare kriegen«, heißt das also nicht unbedingt, dass sie ein Problem miteinander haben oder eine Fehlentwicklung. Möglicherweise haben Sie nur gemeinsame Wachstumsschmerzen, weil sie sich beide in ihrer Persönlichkeit weiterentwickeln. Solche Schmerzen gehen vorbei, indem Sie ihre gemeinsamen Krisen durchleben. Indem Sie ihren gemeinsamen Alltag aushalten. Indem Sie immer weiter an ihrer eigenen Integrität, an ihrer eigenen Großzügigkeit, an ihrer eigenen Gelassenheit arbeiten – an ihrer eigenen »inneren Größe« also. Jedenfalls nicht an der ihres Partners oder ihrer Partnerin. Dafür sind diese selbst zuständig.

Eine solche Perspektive stellt Streit, Konflikte und verbale Auseinandersetzungen in Paarbeziehungen in ein ganz anderes Licht: Wenn es knallt, dann wächst was. (Im Idealfall zumindest.) Niemand würde sich die Mühe machen zu streiten, wenn ihm ein anderer Mensch völlig gleichgültig wäre.

Deshalb die gute Nachricht: Solange Sie sich auseinandersetzen, bauen Sie immer wieder Funkverbindung zueinander auf. Und das kann nur heißen, dass Ihnen Ihre Partnerin oder Ihr Partner sehr am Herzen liegt. Immer noch. Trotz allem.

Vielleicht gerade jetzt, meint Schnarch: »Unsere selbsterzeugten Krisen sind sorgsam maßgeschneidert und passen immer wie angegossen.«[89]

GLÜCKSRETTER

Liebe ist ein Geschenk, das nur bleibt, wenn man etwas dafür tut. In unserer heutigen Welt besteht das gemeinsame Tun zum großen Teil aus Kommunikation. Reden. Schweigen. Streiten. Vertragen. Ideen entwickeln. Sich verstehen. Sich entwickeln. Nichts lässt das Glück im Alltag mehr wachsen als die Sprache der Liebe:

Sprich von Dir - sage »Ich«

Sorge dafür, dass Dein Leben, Deine Geschichte, Deine Bedürfnisse für Deine Partnerin oder Deinen Partner verständlich werden. Sprich Klartext darüber, wie Du Dich fühlst, was Du früher gemacht hast, was Du Dir für die Zukunft wünschst und was Du planst. Nur, wenn Du Dich klar mitteilst, kann Dich Dein Gegenüber verstehen. Man sieht Dir nur vor den Kopf, nicht in ihn hinein!

Sei einfühlsam mit dem »Du«

Finde heraus, wie das Weltbild Deines Gegenübers aussieht – denn jeder lebt in seiner eigenen Realität. Höre heraus, ob Dein Gegenüber im Gespräch eher Ergebnisse sucht oder emotionale Nähe – denn jeder kommuniziert auf seine Weise.

Streite so, dass keiner verliert

Versuche zu erspüren, was Dein Gegenüber kränkt und wann Du Dich gekränkt fühlst. Respektiere persönliche Reizpunkte und Tabus, und vermeide diese Streitauslöser. Denke über die Wirkung Deiner Worte nach, bevor Du redest. Frage offen. Höre genau zu. Antworte ehrlich. Lerne zu verzeihen. Verschweige nicht, was beredet werden muss. All das kann für die Liebe Wunder wirken.

Finde die beste Lösung für Euch beide
Es ist oft nicht einfach, gegensätzliche Bedürfnisse, Wünsche oder Vorstellungen unter einen Hut zu bringen. Versuche es trotzdem. Bemühe Dich um eine Lösung. Sei dabei möglichst offen (statt stur) und pragmatisch (statt rechthaberisch). Wird eine Lösung nicht gleich gefunden, vertagt euch und nehmt das Gespräch innerhalb der nächsten zwei Tage wieder auf. Eine gemeinsam gefundene Lösung macht glücklich!

Fokus auf die eigene Entwicklung
Ihr seid mit Konflikten nicht allein. Die meisten Paare haben Konflikte, und die meisten Konflikte sind lösbar – wenn jeder bei sich selbst anfängt, statt sein Gegenüber verändern oder gar verbessern zu wollen. Es gibt keine »idealen Paare«, denn jeder Mensch hat Stärken und Schwächen. Es gibt auch keine »totale Liebe«, denn in einer Beziehung ist es wichtig, dass beide Partner eigenständige Personen im Denken und Fühlen bleiben. Lasst Euch von Enttäuschungen nicht enttäuschen. Versteht Krisen vielmehr als Zeichen dafür, dass Ihr Euch entwickelt – jeder für sich selbst, und ihr beide als Paar.

3_arbeiten

Denke »wir« statt »ich«.
Gib, was Du kannst.
Aus ganzem Herzen.

Was heißt hier gerecht?

»Die Ehe hat mich dazu gebracht, meine Träume loszulassen. Gut so«, schreibt Esau McCaully in der New York Times. Er ist Assistenzprofessor am Wheaton College in Illinois und Vater von vier Kindern. Seit seinem sechsten Lebensjahr war es sein wichtigstes Ziel, einmal Pfarrer zu werden. Doch an dem Tag, als er die Frau traf, die später seine Ehefrau werden sollte, änderte sich alles. Da gab er seine Karriereträume auf. Ein Opfer? Ein herber Verlust? Ganz und gar nicht, schreibt McCaully. Denn was sind überhaupt ... *Ziele?*[90]

> »Ziele sind schwer zu umarmen. Sie können nicht mit dir reden oder über all die schwierigen Dinge lachen, die du tun musstest, um sie zu erreichen. Sie sind bedürftige, hungrige Ungeheuer, die unsere Zeit und unser ganzes Leben verschlingen können. Aber ein Mensch ist ein Wunder. Er lacht, weint, verändert sich, wächst, frustriert, enttäuscht und er liebt uns zurück.«

In seiner Partnerschaft gebe es kein Gerangel um Dominanz, schreibt er. Es gehe darum, sich gegenseitig immer besser kennenzulernen und die Kinder zum Lächeln zu bringen. Und auch, wenn es schwierig sei: »Die Liebe entflammt immer wieder aufs Neue und überrascht uns in ihrer Schönheit.«

Das klingt fast zu poetisch, um wahr zu sein, oder? Und doch geht McCaullys Kolumne unter die Haut. Sie berührt eine Frage, die heute viele Menschen umtreibt: Wie ist es möglich, aus zwei scheinbar gegensätzlichen Visionen etwas ganz Neues aufzubauen? Eine Partnerschaft, eine Familie, in der alle gemeinsam etwas Größeres schaffen – und niemand untergeht?

Die 50:50-Illusion

Wenn wir uns umschauen, sieht die Welt nicht ganz so poetisch aus. In den meisten Partnerschaften und Familien gibt es eine Person, die allen anderslautenden Plänen zum Trotz irgendwann doch zurücksteckt, damit der andere Karriere machen kann. Die zurücksteckt für die gemeinsamen Kinder. Die zurücksteckt, weil sich das schöne Haus mit dem hübschen Garten nun einmal nicht von selbst in Schuss hält. Oft ist die Person mit den geringeren Selbstverwirklichungschancen die Frau. Manchmal auch der Mann. Und ganz gleich, wer das ist: Meistens kommt es wegen des Gefühls, im Laufe der Jahre zu kurz gekommen zu sein, zu Unzufriedenheit. Und das belastet die Liebe.

Doch so muss es nicht ausgehen. Es ist möglich, dass in einer Partnerschaft beide Menschen ihr Stück vom Glück bekommen. Wenn man es richtig einfädelt. Und einfädeln heißt: träumen, reden, planen.

Liebe heißt auch: die harten Themen knacken

Erstaunlicherweise passiert das oft nicht. Stattdessen träumt jeder für sich allein, geredet wird über andere Themen, und wenn man überhaupt plant, dann nur sehr kurzfristig. Deshalb schauen wir uns in diesem Kapitel die Themen an, über die Paare dringend reden müssten, die aber immer wieder vom Tisch fallen: *Kinder*, *Konten* und die scheinbar unlösbare Frage nach der *Gerechtigkeit* für beide.

Warum so ungemütlich? Warum gerade diese Themen? Weil es nicht die Wohnungsdekorationen, die selbst gebackenen Bananenbrote und die Familienausflüge ins Grüne sind, die eine Beziehung langfristig zu einer glücklichen Beziehung machen. Liebe ist nicht nur rosa. Es sind diese knallharten Themen, die immer wieder transparent gemacht und weiterentwickelt werden müssen, damit es weitergeht. Ein bisschen ist es so wie die jährliche Vorsorge beim Zahnarzt. Gehen Sie nicht hin, tut es irgendwann richtig weh.

Keine Sorge: Wir konzentrieren uns auf die typischen Pain Points und sagen, wie Sie die verarzten können, damit das Unglück erst gar nicht aufkommt.

Wenn Kinder – wann Kinder?

Wir haben oft Paare in der Sprechstunde, die sich nicht einig sind über die Kinderfrage: Entweder will der Mann Kinder, aber die Frau fühlt sich noch nicht bereit. Oder die Frau will Kinder, aber der Mann hat keine Lust darauf, sein Leben zu verändern. Oder beide wissen noch nicht genau, wo sie hinwollen. Oder beide haben eine solche Angst vor dem Thema Kinder, dass sie überhaupt nicht darüber reden können.

Wenn der eine Kinder will und der andere nicht, dann entsteht eine Diskrepanz in der Beziehung. Das Problem wird dann oft totgeschwiegen, nach dem Motto: »Das wird schon. Der überlegt sich das schon. Das spreche ich jetzt erst mal nicht an. Das ist noch zu früh.« Doch das lange Aufschieben dieser Diskussion ist aus zwei Gründen schwierig.

Erstens: Medizinischer Fortschritt hin oder her – irgendwann tritt der Punkt ein, an dem auch mit Hilfe der Reproduktionsmedizin ein Kinderwunsch nicht mehr realisiert werden kann. Ein Gedanke, der offenbar schwierig zu akzeptieren ist in einer Zeit, in der so gut wie alles »machbar« scheint. Und doch ist es so: *Die Erhöhung der durchschnittlichen Lebenserwartung führt leider nicht zur Verlängerung der fertilen, also der fruchtbaren Zeit.*[91]

Zweitens: Themen, die nicht angesprochen werden, sind dadurch nicht weg. Sie leben im Verborgenen weiter, manchmal treiben sie dort ein ziemliches Unwesen. Das kann so weit gehen, dass man versucht, die Antworten aus dem Verhalten des anderen herauszulesen. Ein Vorgehen, das ungefähr so zuverlässig funktioniert wie das Lesen von Kaffeesatz.

Doch wenn die Frage »Möchten wir überhaupt Kinder?« geklärt ist, steht die nächste Frage im Raum: »*Wann* möchten wir Kinder?« Dann sind nicht nur die Gefühle der Partner gefragt (»Fühle ich mich bereit?«). Es müssen auch praktische Voraussetzungen geklärt sein: Sitzen wir beruflich fest genug im Sattel, um dieses Wagnis jetzt einzugehen? Haben wir genug

Geld? Genug Platz? Und was ist mit dem Thema Fruchtbarkeit: *Können* wir überhaupt Kinder bekommen? Und was tun wir, wenn nicht?

Wenn diese Fragen geklärt sind, stehen wieder andere an: Wie wollen wir mit unseren Kindern umgehen? Welche Träume haben wir? Welche Ängste oder Befürchtungen rund um das Thema Erziehung? Wie sehen wir uns selbst als Eltern? Wie stelle ich mir die Rolle als Mutter vor? Wie die Rolle als Vater? Welche Rolle sollen andere spielen: Großeltern, Nannys, Kinderkrippen, Nachbarn, Onkel und Tanten, Freundinnen und Freunde? Was wollen wir anders machen als unsere eigenen Eltern? Und, ganz wichtig: Wer nimmt wann wie viel Elternzeit?

Und wenn aus früheren Beziehungen schon Kinder da sind: Wie lassen sich diese Mädchen und Jungen in die neue Familie integrieren? Wer soll da welche Rolle spielen? Wie viel soll sich jeder einbringen? Welche Aufgaben, welche Verantwortung übernehmen?

Fragen über Fragen. Alle scheinen nicht der Rede wert zu sein. Irgendwie »normal« zu sein. So normal, dass man nicht darüber zu reden braucht?

Die Zeit läuft

Doch. Man muss reden. Denn diese Fragen liegen nicht auf der Hand. Nur leider ist es offenbar nicht üblich, dass Paare alle diese Fragen von vorn bis hinten durchdiskutieren. Wir erleben es jedenfalls sehr oft, und die Forschungsergebnisse von Prof. Laszlo Vaskovics bestätigen unseren Eindruck: viele Paare reden gar nicht über diese Dinge.[92] Viele Frauen haben tatsächlich überhaupt keine Idee von den Wunschträumen ihres Mannes. Und viele Männer kennen die Wunschträume ihrer Frauen nicht. Nach dem Motto: Wird schon irgendwie passen. Immerhin lieben wir uns.

Unklarheit, Unentschiedenheit scheinen nicht weiter schlimm zu sein in einer »Multioptionengesellschaft«, die tausende Möglichkeiten offenhält, und in der jeder und jede, der ein wenig auf seine Gesundheit achtet, gut und gerne hundert Jahre alt werden kann. Nur: Das Zeitfenster, um eine Familie zu gründen, ist innerhalb dieser enormen Lebensspanne erstaunlich kurz. Und, was viele junge Paare unterschätzen: Selbst in einer effektiv durchgetakteten Biografie lässt sich eine Schwangerschaft nicht perfekt planen. Geht nicht. Wenn die Natur »Nein!« sagt, dann ist das für viele Paare eine völlig neue Erfahrung. In Deutschland ist fast jedes zehnte Paar zwischen 25 und 59 Jahren ungewollt kinderlos.[93]

Deshalb: Reden Sie über die Kinderfrage. Immer wieder. Sie müssen nicht gleich zur Lösung kommen. Aber wie auch immer Sie sich entscheiden: Es kann lange, sehr lange dauern, bis es klappt mit der Schwangerschaft. Und es kann auch sehr, sehr lange dauern, bis ein Mensch, der sich eigentlich immer Kinder gewünscht hatte, sich von diesem Wunsch bewusst verabschieden kann.[94]

Nicht, weil er mit dem Abschied vom Kinderwunsch ein Opfer bringt. Sondern, auch in dieser Frage, weil aus zwei völlig verschiedenen Visionen eine neue Vision werden muss, die die gemeinsame Liebe weiterträgt. Das passiert nicht von allein. Da muss gemeinsam geredet, gemeinsam nachgedacht, gemeinsam geträumt und manchmal auch gemeinsam geheult werden.

Und dann? Ist immer noch nicht alles in Butter. Selbst wenn Sie im Vorfeld alles mustergültig besprechen, ist das keine Garantie dafür, dass Sie in Ihrer Beziehung auf Jahre glücklich bleiben. Beide.

Warum die 50:50-Rechnung nicht aufgeht

»Ja, mach nur einen Plan! Sei nur ein großes Licht! Und mach dann noch 'nen zweiten Plan, gehn tun sie beide nicht«, hat Bertold Brecht über Pläne geschrieben und damit bis heute recht behalten.

Nicht jedes junge Paar stolpert planlos in die Zukunft. Es gibt durchaus auch viele, die mit gut durchdachten Ideen in ihre Beziehung starten. Viele sind sich einig, alle Aufgaben gerecht aufzuteilen. Manche denken sich ein Halbe-halbe-Konzept aus, das über viele Jahre aufgehen soll: Erst macht die erste Person Elternzeit, dann die zweite, und so weiter. Andere denken Tag für Tag: Du nimmst die Kinder vormittags, ich am Nachmittag. So weit die Theorie.

Jetzt die Praxis: Es geht los mit der Schwangerschaft, irgendwann ist das Kind da. Die Mutter stillt. Der Vater nimmt sich Zeit. Doch hat er nicht viel zu tun, außer sich um Supermarkt und Spülmaschine zu kümmern. Doch, immerhin: Die gemeinsame Elternzeit ist eine schöne Erfahrung. Der erste Urlaub zu dritt. Ein neuer Alltag.

Dann wird es doch schwieriger als gedacht. Vielleicht findet der Vater keinen rechten Kontakt zum Kind. Vielleicht kann er nicht sehen, wann das Baby müde aussieht. Vielleicht schätzt er nicht gut ein, wie das Kind vorwärts robbt, und sieht seelenruhig zu, wie es vom Sofa fällt. Vielleicht dreht er durch, wenn das Baby drei Stunden lang schreit.

Die Mutter wird skeptisch: Was, wenn er wirklich gravierende Fehler macht – und das Kind gefährdet? Was, wenn er nach stundenlangem Geschrei das Kind sogar *schüttelt*?

Bitte nicht schütteln!

In den ersten drei Lebensmonaten schreit fast jedes fünfte Baby exzessiv. Nicht wenige Eltern verlieren unter Dauergebrüll irgendwann die Nerven und tun etwas, das man niemals, niemals tun sollte: sie schütteln den Säugling.

Das hält der zarte Babykopf nicht aus. Es kommt zu einem »Schütteltrauma« - einer schweren Hirnverletzung. Ein solches Trauma kann zu Behinderungen führen und sogar zum Tod:

10 bis 30 Prozent der geschüttelten Kinder, die in eine Klinik gebracht werden, sterben. Nur etwa 10 bis 20 Prozent der Säuglinge überleben ein diagnostiziertes Schütteltrauma ohne bleibende Schäden. Jedes Jahr werden 100 bis 200 Säuglinge und Kleinkinder mit Schütteltraumata in deutsche Kliniken gebracht.

Da viele Eltern nicht wissen, wie gefährlich ein Schütteltrauma ist, sich für ihren Gewaltausbruch schämen oder sogar strafrechtliche Verfolgung fürchten, gehen Fachleute von einer hohen Dunkelziffer aus. Es wird angenommen, dass ein Teil der Kinder mit geistigen und körperlichen Behinderungen durch ein nie diagnostiziertes Schütteltrauma beeinträchtigt sind. Studien zeigen, dass die Verursacher von Schütteltraumata häufiger männlich als weiblich sind.[95]

Hilfe gibt es hier:

- Der Verein »Nummer gegen Kummer e. V.« bietet ein Elterntelefon an unter Tel. 0800 111 0 550
- Die Bundeskonferenz für Erziehungsberatung e. V. bietet Eltern professionelle Einzelberatungen oder Onlinechats an. Das Angebot ist anonym, kostenfrei und datensicher erreichbar unter
- https://eltern.bke-beratung.de
- Googeln Sie »Schreiambulanz« oder »Schreibabyambulanz« in Ihrer Stadt oder Ihrem Bundesland

Und dann passiert das, was niemand wollte …

Der Vater startet im Job durch. Am Abend ist er genervt, weil das Baby tobt. Seine Abendessen hatte er sich anders vorgestellt. Doch nach einem Jahr kommt die rettende Insel in Sicht: die Kita.

Irgendwann ist die Eingewöhnung gelungen. Irgendwann startet auch die Mutter wieder durch im Job. Doch dann schleppt das Kind eine Infektion nach der anderen nach Hause. Kinderkrankheiten. Völlig normal. Wer kümmert sich? Die Mutter. Weil sie das Kind besser kennt, besser beruhigen kann.

Dann macht ihr Arbeitgeber Stress. Die Mutter reduziert Stunden. Das funktioniert nicht. Sie kündigt und macht sich selbständig – mit allen Risiken, die das finanziell mit sich bringt. Doch wenn es sich nicht anders organisieren lässt?

Währenddessen sammelt der Vater Erfolge. Sammelt Reputation und Gehaltssteigerungen, die seine Frau in der gleichen Zeit nicht sammeln kann – weil sie nicht auf eine Rundumbetreuung durch Großeltern oder Kindermädchen zurückgreifen kann. Wer kann das schon?

Dann geht die Schule los. Zu Hause stapeln sich Arbeitsblätter, die (aus unerfindlichen Gründen) nicht nur bearbeitet, sondern verziert werden sollen. Schwierig, wenn sich das Kind nur für Zahlen interessiert, aber nicht für Buntstiftblümchen. Also zeichnet die Mutter nach Mitternacht noch ein wenig (gerade so unordentlich, dass es nicht auffällt), während der Vater an seinen Präsentationen bastelt. An seiner Karriere. Und dann kommt vielleicht noch etwas dazu, was das Fass zum Überlaufen bringt …

Es war nicht nur die Pandemie

In den Coronapandemie-Monaten ab Anfang 2020 ging es Müttern deutlich schlechter als Vätern. Sie litten häufiger unter depressiven Verstimmungen und fühlten sich häufiger überfordert, so eine Datenanalyse von rbb24, basierend auf Erhebungen des Deutschen Instituts für Wirtschaftsforschung (DIW) und des Wissenschaftszentrums Berlin für Sozialforschung (WZB).
Während vor der Pandemie 29 Prozent der Mütter in Beziehungen sagten, sie fühlten sich manchmal oder häufiger niedergeschlagen und hoffnungslos, waren es in der Pandemie 64 Prozent der Mütter in Beziehungen (Single-Mütter: 74 Prozent). Bei Vätern stieg der Anteil derjenigen von 33 Prozent auf 48 Prozent.

Während Väter vor der Coronakrise in etwa drei Stunden Care-Arbeit pro Tag übernahmen und während der Krise fünfeinhalb, erhöhte sich die Care-Arbeitszeit bei Müttern mit Partner von gut sieben auf mehr als zehn Stunden pro Tag.[96]

Die gesellschaftlich weit verbreitete Idee, dass modernen Müttern *alles* zur Wahl steht – Kinder *und* Karriere *und* Kreativhobbys *und* Sportaktivitäten – hat einen Haken. Denn was kommt heraus, wenn man auf eine Basis von 30 oder 40 Arbeitsstunden noch wöchentlich 40 bis 50 Stunden Care-Arbeit aufsummiert plus vielleicht zehn Stunden für Hobbys und das Treffen von Freunden und Familie?

Burnout. Eine völlig erschöpfte Mutter. Die, und das ist das perfide daran, sich auch noch schuldig für ihre Erschöpfung fühlt. Andere sind ja auch nicht erschöpft, sagt Instagram. Andere kriegen es prima hin, zeigt Instagram.

Also hält die Mutter tapfer weiter alle Bälle in der Luft: Karriere. Kühlschrank. Klassenarbeit. Wenn Projekte für ihren Job fertig werden müssen, geht sie erst spät nach Mitternacht zu Bett. Auf Sex hat sie schon lange keine Lust mehr. Weil sie zu müde ist. Weil sie sich durch ihren Alltag nur noch schleppt.

»So habe ich mir unsere Beziehung nicht vorgestellt«, nörgelt der Mann. »Meinst Du, mir macht das Freude? Die Drecksarbeit hier jeden Tag? Wie viele Jahre soll ich noch zurückstecken? Wie kann es sein, dass Du Dich immer weiterentwickeln kannst und ich immer weiter zurückfalle? Anders gesagt: Kann es sein, dass ich nicht wegen der Kinder auf der Strecke bleibe. Sondern wegen … DIR!?«

Und was, wenn es doch gelingt?

Schnitt. Verlassen wir diese Szenerie. Es gibt ja auch andere Beispiele. Wie sieht es bei Paaren aus, die unter dem Druck der männlichen Standardkarriere und unter dem zusätzlichen Druck der Coronakrise nicht in den Modus der Fünfzigerjahre zurückgefallen sind? Sondern die sich – tatsächlich – die Care-Arbeit aufteilen?

Leider nicht allzu viel besser. Eine Studie des Deutschen Jugendinstituts von 2019 zeigt, dass sich Mütter auch dann gestresst fühlen, wenn ihr Partner mehr als die Hälfte der Sorge-Arbeit schultert. Weil sie sich dann fühlen, als seien sie *schlechte Mütter*. Die Autorin Nora Imlau kommentiert diesen erstaunlichen Befund:[97]

> »Die Folge dieser unseligen Verquickung von überhöhtem Mutterideal und gnadenlosem Selbstoptimierungswahn ist eine Rastlosigkeit, wie ich sie bei nahezu allen Müttern in meinem Umfeld beobachte.«

Was passiert, wenn sich erschöpfte Mütter auch noch schuldig fühlen, zeigt eine Studie der Universität Toulouse aus dem Jahr 2019. Bei Müttern, die unter Burnout litten, verschlimmerte sich das Ausgebranntsein durch die Schuldgefühle signifikant.[98]

Andererseits zeigen Studien, dass dann, wenn Väter im Haushalt mithelfen, ihre Töchter eher außerhalb typischer

Frauenberufe Karriere machen. Das zeigt eine Studie der University of British Columbia an rund 300 Kindern im Alter von sieben bis 13 Jahren. Interessant: Aus den Rollenvorstellungen der Väter ließen sich die beruflichen Vorlieben ihrer Töchter erstaunlich gut vorhersagen, nicht aber die ihrer Söhne.[99]

Was heißt das nun? Dass Kinder haben und Erfolg im Beruf für Mütter nur möglich ist, wenn Mütter den Preis völliger Erschöpfung zahlen? Oder nur dann, wenn sie sich eine ganze Armada von professionellem Hilfspersonal leisten können? Geht es nicht auch anders? Und: War da nicht einmal die Idee der ... Gerechtigkeit?

Gerechtigkeit neu denken

Berichte über das Innenleben junger Paarbeziehungen klingen oft so, als seien die Probleme hausgemacht: bedürfnisorientierte Erziehung – ist das nicht zu viel Gedöns rund ums Kind? Karriere für beide – muss das wirklich sein? Erschöpfte Eltern – müssen sich beide nicht einfach nur besser *abgrenzen*? Also: Selbst schuld, wenn es nicht klappt?

Wenn es so einfach wäre! Die Probleme, unter denen junge Paare leiden, gehen oft nicht auf ihr eigenes Konto. Sie stecken in ihren Lebensbedingungen: die endlosen Ansprüche von Arbeitgebern, die unzuverlässige Kinderbetreuung, schlecht organisierte Schulen, die viel zu viel völlig unsinnigen Druck erzeugen, die ständige Geldknappheit, weil zwar alles immer teurer wird, aber nicht mehr aufs Konto fließt, der ewige Zeitmangel, jeden Tag Stress, jede Nacht zu wenig Schlaf. Über Jahre. Dass das zu Konflikten führt, ist wenig erstaunlich.

Unsere Welt ist nicht gemacht für gleichberechtigte Paare

Noch einmal: Dass die Belastung vieler, vielleicht der meisten Frauen heute immer noch sehr viel höher ist als die der Männer, hat strukturelle Ursachen – nicht oder nicht nur individuelle. Der Grund ist also nicht, dass Frauen nicht achtsam genug wären oder Männer zu egozentrisch sind oder zu faul.

Wir müssen die Perspektive größer ziehen: Die Ungerechtigkeit der Lebensbedingungen, die viele Frauen und Männer jeden Tag spüren, ist historisch gewachsen: Es ist noch nicht so lange her, dass Frauen in Westdeutschland kein eigenes Bankkonto haben durften, dass der Ehemann entschied, ob sie arbeiteten oder nicht, und dass sie offiziell – per Gesetz! – für den Haushalt zuständig waren. In der DDR war man weiter, hier durften Frauen studieren und arbeiten, unterstützt durch öffentliche Kinderbetreuung. Im Westen war erst in den 1970er Jahren Schluss mit der gesetzlich betonierten Hausfrauenehe.

Noch viele Eltern der jungen Paare heute haben erlebt, dass jede wichtige Entscheidung selbstverständlich vom Vater gefällt wurde, und nur von ihm. Etliche von ihnen sind in Wohnvierteln aufgewachsen, in denen sich alle Mütter tagsüber zu Hause um Wäsche, Mittagessen und Hausaufgaben kümmerten und das Abendessen schon auf dem Tisch stand, wenn der Vater nach Hause kam. Etliche kennen nur einen Vater, der entweder brüllt oder schweigt, und eine Mutter, die den ganzen Tag durch Haus und Garten wuselt und dabei unzufrieden grummelt, Mann und Kinder hätten ihr Leben gestohlen.

Einige der heutigen »Großeltern« (die jetzt um die 50 Jahre alt sind) erlebten auch, wie ihre Mütter im Zuge des Selbstverwirklichungsbooms Ende der Siebzigerjahre plötzlich ausbrachen und ihre Familien verließen, um noch einmal neu anzufangen, um zu studieren oder um ihr Glück in einer neuen Partnerschaft zu versuchen. Das ist lange her.

Und doch ist die ungleiche Verteilung von Rollen und Chancen geblieben. Sie hat sich in den Strukturen niedergeschlagen: in den Steuergesetzen, in den Rentenhöhen zum Beispiel. Jedes Gespräch mit Kindergarten und Schule, mit Bank und Finanzberatern, mit Eltern und Schwiegereltern, mit Nachbarn und Freunden ist durchdrungen von bestimmten Erwartungen. In jeder noch so kleinsten Familienszene wird dieser größere Rahmen sichtbar.

Gerade heute haben wir in der Nachbarschaft eine so typische Szene erlebt: Ein junges Paar kommt mit Kinderwagen, Kind und einer Schüssel Nudelsalat aus dem Haus. Sie sehen aus, als seien sie auf dem Weg zu einer Party. Sie: »Hast Du an die Feuchttücher gedacht und an die Ersatzwindeln? Hast Du etwas zum Spielen eingepackt für das Kind?« Er: »Was? Wieso?« Sie: »Immer muss ICH an alles denken! Immer muss ICH nochmal zurück in die Wohnung laufen und das holen, was DU vergessen hast.« (Sie: schnaubend ab.)

Das ist der Alltag junger und auch älterer Paare, das ist der tägliche Extrasack Gedankenarbeit, den Frauen mit sich herumschleppen. Genannt: Mental Load.

Mental Load - die unsichtbare Last

In Beziehungen, vor allem aber in Familien übernimmt typischerweise eine Person das komplette »Projektmanagement« für alle Familienmitglieder: Bildungsplanung und Talentmanagement, Gesundheitsmanagement und Catering, Instandhaltung von Innen- und Außenräumen und Shuttle-Services, Kulturveranstaltungen und Familienfeiern, Wäscheservice und psychosoziale Dienste bis hin zu »aufsuchender Sozialarbeit« an den Herumlungerplätzen der pubertierenden Jugendlichen, gegebenenfalls auch Drogenberatung und zusätzlich Pflegedienste für Mann, Kinder, Eltern und Schwiegereltern.
Anders als in der Wirtschaft ist es hier oft *eine* Person, die plant *und* ausführt. Ebenfalls anders als in der Wirtschaft handelt es sich vor allem um Reproduktionsarbeit, also um »unsichtbare Arbeit«. Und ebenfalls anders als in der Wirtschaft wird keine Stunde dieses zusätzlichen Vollzeitjobs honoriert.

Gerecht – was heißt das überhaupt?

Bevor wir jetzt in das tägliche Alltagschaos einsteigen und darüber diskutieren, ob man in einer Familie besser Einzelaufgaben delegiert oder Verantwortungsbereiche, wie man überhaupt einen Überblick über das bekommt, was jeden Tag getan werden muss, und wie man Familienmitglieder sanktioniert, die sich lieber in ihren Sitzsäcken verstecken, als die Spülmaschine auszuräumen, brauchen wir erst einmal einen Überblick. Zoomen wir die Frage also größer: Was heißt eigentlich Gerechtigkeit?

Über diese Frage hat sich Alan Page Fiske Gedanken gemacht. Er ist Professor für Anthropologie an der University of California in Los Angeles und versucht herauszufinden, was menschliche Beziehungen ausmacht, und ob es dabei von Kultur zu Kultur Unterschiede gibt. Schon in den 1990er Jahren entwickelte er ein spannendes Konzept, das uns an dieser Stelle weiterhelfen kann: die vier elementaren Formen der Gemeinschaft.[100] Er sieht vier verschiedene Modelle der Gerechtigkeit:

- **Das Bedarfsprinzip**: In einer Gemeinschaft, in der alle eine »gemeinsame Identität« teilen, bekommt jeder so viel, wie er braucht.
- **Das Anrechtsprinzip**: In Gemeinschaften, in denen manche Personen viel Macht haben und manche wenig, bekommt jeder das, was ihm (oft aus Sicht der »oberen«) zusteht.

- **Das Gleichheitsprinzip**: In Gemeinschaften, in der trotz individueller Unterschiede jeder als »gleich« angesehen wird, muss jeder für das, was er bekommt, genauso viel zurückgeben.
- **Das Leistungsprinzip**: In Gemeinschaften, in denen die Mitglieder untereinander Handel betreiben, versucht jeder, von den anderen so viel zu bekommen wie möglich.

Führt man sich nun unterschiedliche Paarbeziehungen aus dem eigenen Umfeld vor Augen, muss man nicht lange nachdenken, um Parallelen zu finden. Da gibt es Familien, in denen ein Elternteil sehr viel Geld in das eigene Hobby investiert, weil sie oder er meint, das zu »brauchen« – siehe das *erste Prinzip*. In hierarchisch organisierten Beziehungen bestimmt die Frau oder der Mann, wie viel »Taschengeld« die anderen Familienmitglieder bekommen – das wäre das *zweite Prinzip*.

Dann gibt es Familien, die haarklein aufrechnen, welche Handgriffe jeder für die Gemeinschaft getan hat, und wo der eine aus Protest den Mülleimer nicht runterbringt, wenn der andere die Brotmaschine nicht zusammengeklappt hat – *Prinzip Nummer Drei*. Und schließlich, *Nummer Vier*: Das sind die Familien, in denen jeder versucht, so viel Geld, Zeit oder Aufmerksamkeit für sich selbst herauszuschlagen, wie nur irgend möglich, ganz gleich, ob es dafür einen Bedarf gibt oder nicht.

Wenn Sie uns fragen: Keines dieser vier Prinzipien ist eine gute Grundlage für eine glückliche Beziehung. Denn ein Paar oder eine Familie ist kein Hotel (1), kein Königreich (2), keine Genossenschaft (3) und auch keine Firma (4).

Was aber dann?

Lassen Sie uns eine komplett andere Perspektive auf Gerechtigkeit vorschlagen. Eine, die der individuellen Unterschiedlichkeit der Frauen, Männer, Mädchen und Jungen gerecht wird. Eine Perspektive, bei der es nicht ums Nachrechnen und auch nicht ums Gewinnen geht, sondern um Chancen, um Talente und um Leichtigkeit.

Gerecht heißt nicht »genau gleich«

Wir sind überzeugt davon, dass es in Paaren und Familien am glücklichsten zugeht, wenn jeder genau das macht, was er am besten kann. Nennen Sie es gerne das *Talentprinzip* oder das *Kompetenzprinzip*. Das sorgt nicht nur für viel bessere Laune, sondern auch für wesentlich bessere Ergebnisse.

Der Grund ist klar: Immer, wenn Sie versuchen, alles genau »gleich« aufzuteilen, wenn Sie also mit Excel-Tabellen und mit Aufgaben ankommen, hat jeder nur seine eigene Pflichtenliste im Blick – aber nicht die größere, die gemeinsame Sache. Jeder kämpft also darum, möglichst wenig tun zu müssen oder möglichst viel von den anderen zu bekommen – aber nicht um das Glück für alle. Und: Jeder kommt immer wieder in die Lage, Dinge tun zu müssen, die er nicht gut kann oder die ihm überhaupt keinen Spaß machen. Kochen, Steuererklärung schreiben, Urlaube planen – in den meisten Beziehungen kann das einer besser als der andere.

Der Perspektivenwechsel weg von den vielen To-do-Listen und hin zum gemeinsamen Glück funktioniert natürlich nur auf Grundlage einer Haltung der Großherzigkeit. Wer sein

Leben mit Egozentrikern teilt, kommt mit dem Talentprinzip wahrscheinlich nicht weit ...

Doch angenommen, Sie haben das Glück, Ihr Leben mit großherzigen Menschen zu teilen: Wie wäre es, wenn Sie, statt Aufgaben kleinteilig gegeneinander aufzurechnen, so etwas wie große Verantwortungsbereiche festlegen?

So ist die eine Person zum Beispiel zuständig für die Bildung und Hobbys der Kinder, für Arztbesuche, den Garten und die tägliche Versorgung mit Pausenbroten, Snacks und Getränken und für jeglichen Ärger mit Falschparker-Strafzetteln und der Schule. In »Ministerien« gesprochen wäre diese Person also Bildungsminister, Gesundheitsminister, Minister für Ernährung und Landwirtschaft und Justizminister.

Die andere Person würde sich dann zum Beispiel kümmern um WLAN, Transport und Reisen (Ministerium für Digitales und Verkehr), um Geldfragen und Versicherungen (Finanzminister), um alles, was im Haus getan werden muss (Bauminister) und um Events mit Freunden und Familien (Außenminister).

Es gibt Familien, die auch ihren Kindern bestimmte Großprojekte auftragen. So ernennen sie zum Beispiel ein Kind zum »Zero-Waste-Beauftragten« oder zum »Stromsparaufpasser« (Ministerium für Klimaschutz).

Es sollte bei der Aufteilung immer darum gehen: Wer kann was am besten und wem fällt was am leichtesten? Schließlich kommt es darauf an, *sich miteinander zu organisieren* – und das ergebnisorientiert. Man sollte sich hier gegenseitig fördern, sodass jeder das tun kann, was ihm liegt und was für beide funktioniert. Es ist natürlich sinnvoll, dass der jeweils andere so im

Bilde ist, dass er im Notfall temporär alle Aufgaben übernehmen kann.

Gleichberechtigung

Gleichberechtigung bedeutet hier, dass jeder gleich ***berechtigt*** und gleich ***verpflichtet*** ist, sich nach seinen Möglichkeiten und Fähigkeiten für das gemeinsame Ergebnis einzusetzen. Gleichberechtigung im Sinne einer völligen »Gleichheit« funktioniert aus unserer Erfahrung nicht, da somit nur eine Konkurrenzsituation entsteht. Auch Gerechtigkeitskonzepte aus anderen Bereichen funktionieren für Familien nicht, denn eine Familie ist kein Hotel, kein Königreich, keine Genossenschaft und auch keine Firma. Sobald *alle Ergebnisse als gemeinsame Ergebnisse* betrachtet werden, entsteht Konkurrenz erst gar nicht. Das mag eine Idealvorstellung sein, aber kann durchaus als Ziel angestrebt werden. Wir sind der Überzeugung, dass die Kombination aus Talentorientierung und Großherzigkeit der Unterschiedlichkeit nicht nur von Männern und Frauen gerecht wird, sondern der Individualität aller Menschen, die glücklich miteinander leben wollen.

Geld macht doch glücklich

Geld macht nicht glücklich, heißt es. Was aber, wenn in einer Beziehung eine Person sehr viel Geld verdient, die andere aber nicht? Das ist in Deutschland häufig der Fall, und zumeist sind es die Frauen, denen weniger Geld überwiesen wird. Auch wenn sich das pro Monat nicht allzu deutlich zeigt, summiert sich die Kluft im Lauf des Lebens doch zu einem ziemlichen Graben auf.

Männer haben meistens mehr

Über das gesamte Erwerbsleben hinweg betrachtet verdienen Frauen *nur etwas mehr als die Hälfte* im Vergleich zu dem, was Männer im Laufe ihres Lebens verdienen – also in rund 40 Jahren. Laut Bertelsmann Stiftung heißt das in Zahlen (in Preisen von 2015): Westdeutsche Frauen verdienen insgesamt 830 000 Euro, Männer 1,5 Millionen Euro. In Ostdeutschland kommen Frauen im Schnitt auf 660 000 Euro, Männer auf knapp 1,1 Millionen Euro.

Damit verdienen hochqualifizierte Frauen im Schnitt so viel wie geringqualifizierte Männer. Das gilt aber nur bis zum Geburtsjahrgang 1974 – jüngere Akademikerinnen holen auf.[101]

Das ist der Grund für das hohe Armutsrisiko alleinerziehender Frauen, und das ist auch der Grund dafür, warum Rentnerinnen im Supermarkt manchmal nur Kartoffeln, Milch und Zwieback aufs Kassenband legen.

Verdient in einer Beziehung einer viel und einer wenig, und kombiniert sich diese Lage dann noch mit einer ungeeigneten Vorstellung von Gerechtigkeit, dann kann das für sehr schlechte Stimmung sorgen. Denn: Wie fühlt sich die eine Person, wenn die andere behauptet, die Sorge für Kinder und Haus sei »keine Wertschöpfung«, und des-

halb sehe sie nicht ein, den Gewinn aus der eigenen Erwerbsarbeit mit der Familie zu teilen?

Wie geht es Menschen in einer Beziehung, wenn ein wesentlicher Teil der gemeinsamen Zeit mit Diskussionen darüber zugebracht wird, wer den nächsten Einkauf, die nächste Tankfüllung, den nächsten Restaurantbesuch bezahlt und wie viele Euros und Cents der eine dem anderen am Monatsende noch schuldet? Was heißt es für eine Beziehung, wenn der eine dem anderen »beweisen« muss, dass er wirklich neue Socken braucht? Was passiert mit der Liebe, wenn jeder das Gefühl hat, er kommt zu kurz oder er hat zu viel gegeben?

Geld ist Streitthema Nummer Eins

Studien zeigen, dass in Beziehungen Streitereien um Geld zu den häufigsten Konfliktherden gehören. Jede zehnte Beziehung zerbricht an diesem Thema, jeder Dritte fühlt sich in seiner Beziehung finanziell ausgenutzt – so das Ergebnis einer Umfrage des Marktforschungsinstitut YouGov im Auftrag von »Weltsparen«.[102]

Eine Forsa-Umfrage im Auftrag von RaboDirect zeigte, wie wichtig der solide Umgang mit Geld in Beziehungen sein kann. Gut zwei Drittel der Befragten findet, dass gemeinsam Erspartes ein Paar zusammenschweißt. Auf der anderen Seite ist etwa die Hälfte der Befragten so sauer, wenn der Partner oder die Partnerin das Geld für unnütze Dinge ausgibt, dass sie über eine Trennung nachdenken.[103]

Dass sowohl Frauen als auch Männer finanziell unabhängig sein wollen und sich Transparenz in der gemeinsamen Kasse wünschen, ist relativ neu: Vor 30 Jahren noch wussten viele Frauen nicht, wie sich das Familieneinkommen zusammensetzt, wie hoch die tatsächlichen Ausgaben der Familie waren und ob Einnahmen und Ausgaben übereinstimmten. Nach dem Motto: »Ach das macht mein Mann. Was mein Mann verdient, das weiß ich nicht.« Manchmal war auch die Frau die Finanzministerin der Familie.

Heute gibt es nur noch wenige Paare, in denen nur einer Geld verdient oder nur einer das Geld verwaltet. Meistens tragen beide zum Haushaltseinkommen bei. Es herrscht eine größere Transparenz. Und doch gibt es oft keine konkrete Idee, wie sich das leidige Thema Geld organisieren lässt. Legt man die Konten zusammen? Behält jeder sein Konto? Oder öffnet man für gemeinsame Projekte Zusatzkonten?

Die Idee ist klar: »Wir müssen es irgendwie gerecht machen.« Aber: Wie genau? Darüber entstehen viele Diskussionen, oft auch Streit, aber keine konkreten Lösungsmodelle.

Die Logik oder die Handhabbarkeit sind oft nicht die Knackpunkte, um die gestritten wird. Das Problem sitzt tiefer. Ob man Geld hat oder ob man kein Geld hat, ist in unserer Gesellschaft eine existenzielle Frage. Ohne Geld keine Wohnung, ohne Wohnung kein Job – die Angst vor dem Absturz ins Nichts, die »Verarmungsangst«, sitzt bei vielen Menschen tief und kann sich aus psychologischer Sicht zu einem gravierenden Problem entwickeln, das ein glückliches Zusammenleben fast unmöglich macht.

Gastbeitrag: Sich trennen ist teuer

Von Stefanie Grosch, Fachanwältin für Familienrecht

»... bis dass der Tod Euch scheidet« – dieser Treueschwur hält leider selten ewig. Jede dritte Ehe in Deutschland wird aller Wahrscheinlichkeit nach nicht vom Tod, sondern vom Richter geschieden. Im Rahmen einer Trennung bei bestehender Ehe gibt es etliche Streitpunkte, bei deren Regelung sich viele Ehepaare im »Scheidungskrieg« in den Einzelheiten verlieren.

Was viele nicht wissen: Eine Ehescheidung mit Versorgungsausgleich, Zugewinnausgleich, Unterhalt mit zwei Anwälten kann im Normalfall schnell rund 7000 bis 8000 Euro pro Person kosten. Denn eine notwendige Regelung im Rahmen einer Ehescheidung ist neben der Scheidung der Ehe selbst die Regelung des Versorgungsausgleiches. Damit gemeint ist der Ausgleich der in der Ehe erworbenen Rentenanwartschaften, damit der, der nicht so viel in die Rentenkasse einzahlen konnte, weil er sich z. B. mehr um die Kinder gekümmert hat, später keine Nachteile hat.

Die Scheidung kann erst nach Ablauf eines Trennungsjahres beantragt werden. Das Verfahren insgesamt dauert, wenn keine weiteren Streitpunkte geregelt werden müssen, meist ein dreiviertel Jahr.

Diese Zeit geht zumeist mit einer großen Belastung der scheidungswilligen Ehegatten einher. Denn neben der Ehescheidung selbst, gilt es weitere Punkte zu klären, die schmerzhaft sein können: Wer zahlt wem welchen Unterhalt, wie wird der Hausrat aufgeteilt, wie teilt man gemeinsame Vermögen auf, wie verfährt man mit dem »Zugewinn«, der den Ausgleich des während der

Ehe erworbenen Vermögens umfasst, was ist mit dem Sorgerecht und Umgangsrecht mit gemeinsamen Kindern?

Selbstverständlich gibt es Möglichkeiten, um gütliche Regelungen im Rahmen einer Trennung zu finden, so beispielsweise die Möglichkeit einer einvernehmlichen Regelung durch eine notarielle Trennungs- und Scheidungsvereinbarung. Allerdings ist für die Findung einer gütlichen Lösung im Rahmen einer Trennung wiederum eine gute Kommunikation und viel Verständnis nötig, sodass diesen Weg zumeist die Paare beschreiten, die bereits zuvor eine gute Kommunikation hatten.

Wollen sich die Ehepartner möglichst rasch nach dem einjährigen, obligatorischen Trennungsjahr scheiden lassen, haben sie nach Abschluss einer zuvor erwähnten Trennungs- und Scheidungsvereinbarung mit Regelungen zu all ihren Problempunkten die Möglichkeit, sich in einem vereinfachten gerichtlichen Verfahren scheiden zu lassen. Bei diesem reicht es prinzipiell aus, wenn einer der Ehegatten einen Rechtsanwalt zur Stellung des Ehescheidungsantrages beauftragt und der andere Ehegatte lediglich seine Zustimmung zur Ehescheidung erteilt. So kann durch die Regelungen in der notariellen Vereinbarung keiner der Ehegatten mehr übervorteilt werden.

Demgegenüber muss sich bei einer streitigen Ehescheidung heute jeder Ehepartner durch einen Rechtsanwalt vertreten lassen, sofern neben der Ehescheidung und dem Versorgungsausgleich weitere Folgesachen zu regeln sind.

Sofern also Kommunikation nicht nur während der Ehe, sondern auch im Rahmen einer Trennung gut funktioniert, werden die Ehegatten nach der Scheidung um die Erfahrung reicher sein, dass eine einvernehmliche Regelung nicht nur die menschlichen und wirtschaftlichen Bedürfnisse aller Beteiligten am besten berücksichtigen kann, sondern ihnen auch eine Trennung und Scheidung ohne zusätzliche Verletzungen in gegenseitiger Achtung ermöglicht. Gerade dies ist von besonderer Bedeutung, wenn aus der Ehe gemeinsame Kinder hervorgegangen sind. Denn auch wenn eine Ehe gescheitert ist – die gemeinsame Elternschaft besteht noch fort.

Eine gute Kommunikation und ein Verständnis für den Partner können wenigstens die finanziellen Schmerzen einer Trennung lindern. Darüber hinaus eröffnet sich vielfach die Möglichkeit, gemeinsame, von beiden Ehepartnern akzeptierte Lösungen für die Zeit der Trennung und nach einer Scheidung zu finden. Eine gute Kommunikation des Paares nützt daher während und nach der Beziehung, und damit dem zukünftigen Glück.

Wenn Portemonnaies zusammenpassen

Geld ist eine Frage des Vertrauens. »Trauen wir uns, ein gemeinsames Konto zu haben?« »Traue ich meinem Gegenüber, dass er mir das Konto nicht leerräumt?« »Finde ich es richtig, die alleinige Kontrolle über mein vier Mal so hohes Gehalt aufzugeben?« Es ist für das Glück einer Beziehung zentral, sich über dieses Thema zu unterhalten und zu schauen, wie man das regeln möchte. Und es liegt auf der Hand, dass diese Fragen einfacher zu klären sind, wenn beide Partner etwa gleich viel Geld verdienen.

Traditionell sah man das nicht so. Und viele Menschen meinen heute immer noch, dass es ein Paar zusammenschweißt, wenn sich der Besserverdiener verpflichtet fühlt, den Schlechterverdiener zu unterstützen. Oder es heißt, es sei schon organisatorisch ein Ding der Unmöglichkeit, wenn beide Partner gleich viele Chancen im Job wahrnehmen und sich beruflich verwirklichen wollen.

Patrick Ishizuka vom Cornell Population Center der Cornell University zeigte im Jahr 2018, dass die Lebenswelt heutiger Paare ganz anders aussieht: Seine Studie belegte erstmals empirisch, dass Paare tendenziell dann heiraten, wenn sie gemeinsam genauso viel verdienen wie andere Menschen in ihrem Umfeld. Dass sie mit hoher Wahrscheinlichkeit zusammenbleiben, wenn sie gleich viel verdienen. Und dass sie sich wahrscheinlicher trennen, wenn es ihnen wirtschaftlich nicht gut geht. Ishizuka fand übrigens keine Anhaltspunkte dafür, dass für die Stabilität einer Beziehung das Einkommen des Mannes wichtiger ist als das der Frau: »Entscheidend sind wirklich die gemeinsamen Ressourcen des Paares.«[104]

Doch wie und wo bringt man diese Ressourcen unter? Wie verwaltet man sie so, dass hinterher beide glücklich sind?

Das Ein-Konto-Modell

Laut Statistischem Bundesamt sind in 67 Prozent der Familien mit jüngeren Kindern beide Eltern erwerbstätig.[105] Das heißt: bei einem Drittel der Familien verdient nur einer Geld. Für diesen Fall eignet sich folgendes Kontomodell:

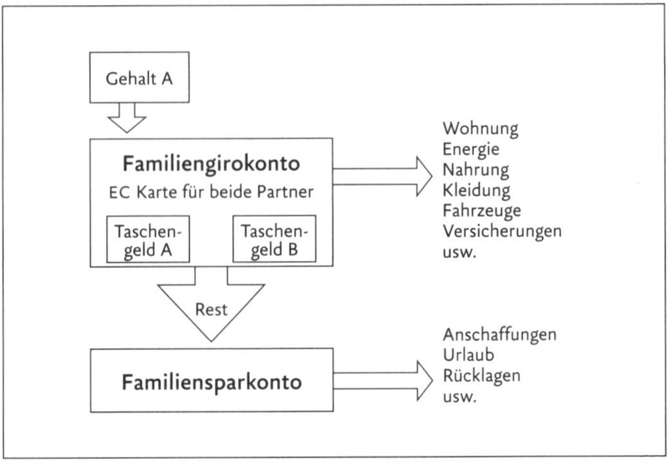

Vorteil: Beide Partner sind handlungsfähig, beide haben auch die Chance, von ihrem eigenen Anteil Dinge zu kaufen oder zu erleben, die der andere niemals wollen würde.

Nachteil: Dieses Modell funktioniert umso besser, je besser *beide* Partner mit Geld umgehen können und je näher die individuellen Vorstellungen darüber, wie man leben möchte – C&A oder Gucci, Pommes oder Kaviar? – beieinander liegen.

Leben mit zwei oder drei Konten

Viele Paare starten mit einem *Zwei-Konten-Modell* in das gemeinsame Leben. So, wie jede Wohngemeinschaft. Jeder hat sein eigenes Konto, die Ausgaben für gemeinsame Angelegenheiten werden abwechselnd bezahlt, am Monatsende zusammengerechnet und dann ausgeglichen.

Das geht in den meisten Fällen nicht ohne mühsame Buchführung mit Haushaltsbüchern, Excel-Tabellen oder Apps wie Splitwise oder Monefy. Wer nicht Finanzamt spielen will, kann die Ausgaben auch anders aufteilen: Einer zahlt die Miete, der andere WLAN, Telefone und Versicherung und so weiter. Eben so, dass die Kosten sich ungefähr gleichmäßig aufteilen, aber niemand täglich darüber nachdenken muss.

Das funktioniert im Sinne des Talent- oder Kompetenzprinzips besonders gerecht, wenn beide Partner etwa gleich viel verdienen. Überweisen die Arbeitgeber beider Partner sehr unterschiedlich, liegt es auf der Hand, dass der eine mehr gemeinsame Kosten trägt als der andere. Und genau da fängt bei vielen Paaren die schlechte Stimmung an. Manch ein Mensch kommt vom Gefühl nicht los, dass das Gehalt, was da auf sein Konto fließt, im Wortessinne »verdient« ist (während, Achtung, schlimmes Klischee, die Frau »Cappuccino trinkt«). Und deshalb nicht geteilt werden muss.

Hierzulande verdient ein Großteil der Partner nicht gleich viel – und das liegt einerseits an den schlechten Zuständen in der öffentlichen Kinderbetreuung vor Ort. Und andererseits daran, dass viele Eltern an den Nachmittagen gerne Zeit mit ihren Kindern verbringen wollen. Zeit, die allen guttut.

So kommt es, dass 66 Prozent der Mütter Teilzeit arbeiten und sieben Prozent der Väter.[106] In diesem Fall bietet sich ein Drei-Konten-Modell an, das individuell gestaltet werden kann. Hier zwei Möglichkeiten. Bei Variante A hat jeder ein eigenes Konto mit eigenem Taschengeld – so dass nur auf den eigenen Kontoauszügen erscheint, wie viele Cappuccinos und/oder Bier getrunken wurden:

Bei Variante B befinden sich die Taschengeld-Budgets auf dem gemeinsamen Konto. So sieht jeder den Bier- und Cappuccino-Verbrauch des anderen:

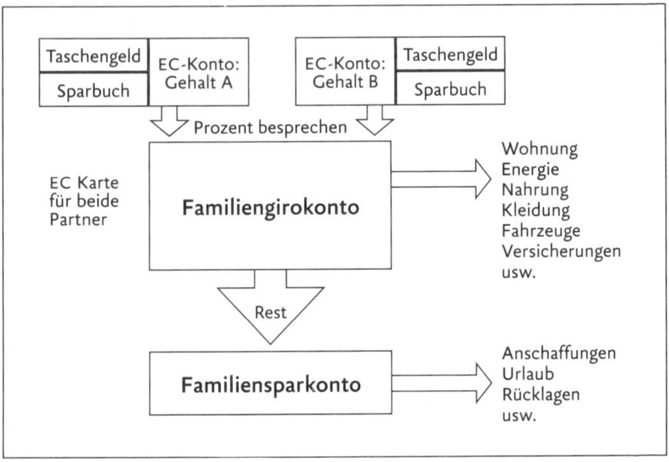

Abbildung A

Was zu wem besser passt, hängt mit den Lebensgewohnheiten zusammen, mit der Großherzigkeit, mit der Geduld und auch mit dem Humor, den Liebende pflegen.

Wie man sich auch entscheidet, immer sollte man daran denken, dass das, was sie in der Partnerschaft erreichen, *das gemeinsame Ergebnis ist.* Also von beiden Partnern erreicht wurde, weil beide an einem Strang ziehen, auch wenn die viele Arbeit in unserem Arbeitsmarkt unterschiedlich in Euro und Cent vergütet wird. Doch wann ist der richtige Zeitpunkt, über Geld zu sprechen?

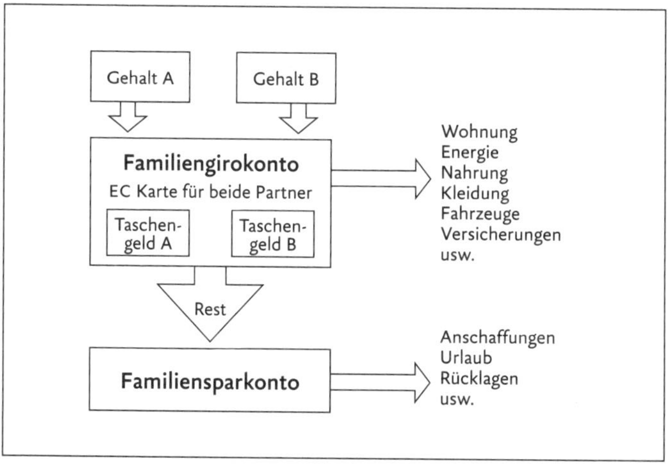

Abbildung B

Der richtige Zeitpunkt

Laut einer repräsentativen YouGov-Umfrage für Weltsparen unterhalten sich vier Prozent der Paare schon beim ersten Date über Geld. Jeder Zehnte packt das Thema immerhin vor dem ersten gemeinsamen Urlaub an. Fast ein Drittel der Befragten reden erst über Geld, wenn sie in eine gemeinsame Wohnung ziehen. Und dann gibt es noch einige wenige Paare, die über Geld erst reden, wenn sie heiraten (sechs Prozent) oder eine Familie planen (fünf Prozent).[107]

Raus aus der Zwickmühle

Die meisten Paare teilen heute die Vorstellung, dass jeder *alles* haben kann – also Kinder, Karriere, Kultur (wenn wir unter »Kultur« einmal alles fassen, was mit Hobbys und Ausgehen und gesunder Ernährung und Kreativität und Kaffee und Yoga und sonstiger Selbstfürsorge zu tun hat). Jeder dieser Lebensbereiche verspricht das Gleiche: Erfolg, Erfüllung, vielleicht sogar Erleuchtung.

Und jeder Lebensbereich kann nur dann sein Potenzial entfalten, wenn wir viel Zeit, viel Geld, viel Energie hinein investieren. Eine glänzende Karriere in der Industrie ist mit einer Zwanzigstundenwoche immer noch sehr ungewöhnlich. Mütter und Väter mit sehr hohem Anspruch an ihre Elternrolle sind unglücklich, wenn sie ihre Kinder nur 30 Minuten lang sehen, bevor sie »Gute Nacht« sagen. Und wer hohe Ansprüche an sportliche oder musikalische oder künstlerische Erfolge hat, der wird auch in diesem Gebiet nicht viel erreichen, wenn er samstags mal eben zehn Minuten investiert.

Kein Mensch kann in allen diesen Bereichen gleichzeitig Top-Leistungen bringen. Es funktioniert nicht. Auch mit nur vier Stunden Nachtschlaf funktioniert das nicht – und wenn man nicht aufpasst, führt genau dieses Alles-erreichen-Wollen schnurstracks in den Burn-out, und dann erreicht man gar nichts mehr. Frustrierend? Nur dann, wenn man auf diesem Alles-Wollen beharrt. Es geht ja auch anders.

Geld oder Leben?

Wie es auch anders geht, zeigt Elly Oldenbourg, die als Expertin für New Work und Diversität bei Google arbeitet, die außerdem selbständig als Gastgeberin von Salons und als Rednerin arbeitet, und neben alldem auch noch Mutter ist. Wie sie das geschafft hat? Indem sie sich eines Tages dazu entschied, »ihre Arbeit um ihr Leben zu bauen, und nicht umgekehrt«.[108]

Wieder einmal: Zum Problemlösen braucht es keinen Kraftakt, sondern einen Perspektivenwechsel.

Wie wäre es also, wenn Partner damit aufhören, ihr Leben immerzu der Arbeit anzupassen? Sondern stattdessen ihre Arbeit dem Leben anpassen?

Das heißt konkret: Wenn ich mich dann gesund und glücklich fühle, wenn ich jeden Tag x Stunden mit den Kindern verbringe, jeden Tag x Stunden Schlaf habe, jeden Tag x Stunden Zeit habe, um ein wenig das zu tun, was mir einfach nur Spaß macht – wie viele Stunden bleiben dann überhaupt noch für Erwerbsarbeit übrig? Wie viel Karriere passt da hinein?

Es ist uns bewusst, dass ein derartiger Perspektivenwechsel nur dann funktioniert, wenn das Geld, das jemand in 32 Stunden verdient statt in 40, zum Leben überhaupt ausreicht. Insofern ist diese Diskussion eine Luxusdiskussion. Aber vielleicht doch für mehr Paare relevant als gedacht?

Die Soziologin Jutta Allmendinger jedenfalls hat vorgeschlagen, dass sowohl Mütter als auch Väter nur noch 32 Stunden pro Woche arbeiten. Für zwei Drittel der Mütter ändert sich also kaum etwas, weil sie ohnehin schon in Teilzeit sind. Aber für die Väter, von denen nur jeder Vierzehnte nicht Vollzeit arbeitet. Wie viele von den Vätern wären bereit zum Umdenken? Und wäre dieses »weniger« überhaupt ein »Verzicht«[109] – oder vielmehr: ein Gewinn für das gemeinsame Glück?

Das Glück liegt jenseits der Excel-Tabelle

Die Frage nach der Gerechtigkeit in Beziehungen ist schwer zu beantworten. Klar ist: Mit dem Taschenrechner geht das nicht, und das ist sogar kontraproduktiv. Die Erfahrung zeigt vielmehr, dass in besonders glücklichen und stabilen Partnerschaften niemand auf exakter »Gegenleistung« besteht – dieses Mindset findet sich eher in Beziehungen, die unglücklich sind und instabil.[110]

Ein Großteil der »Verteilungsprobleme« in Beziehungen geht auch gar nicht auf den Egozentrismus, die Inkompetenz oder den mangelnden Willen der Beteiligten zurück. Diese Probleme haben auch nichts damit zu tun, dass es einem Mann in einer langjährigen Beziehung typischerweise nicht gelingt, seine Frau zu verändern. Und dass auch Frauen trotz jahrelanger Umerziehungsversuche am Ende immer noch den gleichen Mann haben wie zu Beginn der Beziehung.

Viele Paarprobleme sind keine persönlichen, keine psychologischen Probleme, sondern Strukturprobleme. Steuern, Kita, die schlechtere Bezahlung vieler typischer »Frauenjobs« – all das lässt sich nicht am Küchentisch lösen. Das ist die schlechte Nachricht – und zugleich die gute.

Denn dann kann man das, was man gerade leider nicht ändern kann, auch einmal ausblenden. Und sich darauf konzentrieren, worauf es doch eigentlich ankommt: die gemeinsame Liebe.

GLÜCKSRETTER

Manchmal muss man eigene Vorstellungen loslassen, um gemeinsam etwas Größeres zu schaffen:

Wenn Kinder - wann Kinder?

Auch wenn es am Anfang schwerfällt: Rede über Deinen Kinderwunsch. Oder darüber, dass Du Dir keine Kinder vorstellen kannst. Je früher Ihr dieses Thema besprecht, desto schneller versteht Ihr, ob Eure Zukunftspläne zusammenpassen. Und wenn Ihr eine gemeinsame Familie wollt: Je früher Ihr dieses Thema besprecht, desto leichter läuft es mit dem Kinderkriegen. Miteinander kann man ewig diskutieren – mit der Biologie aber nicht.

Jeder tut, was er am besten kann

Oft entsteht Streit, weil das Prinzip Gerechtigkeit falsch verstanden wird. Wer meint, dass jeder nur auf Bestellung gibt oder bekommt, verwechselt Familie und Hotel. Wer meint, dass jeder nur das gibt und bekommt, was ihm qua Hierarchie zusteht, verwechselt Familie und Königreich. Wer meint, dass jeder für alles, was er gibt, den exakten Gegenwert nehmen soll, verwechselt Familie und Genossenschaft. Und wer meint, dass jeder versuchen muss, möglichst wenig zu geben und möglichst viel zu bekommen, verwechselt Familie und Firma. Eine gerechte Arbeitsteilung in Partnerschaft und Familie heißt, dass jeder das tut, was er am besten kann. Freiwillig und großherzig.

Partnerschaft ist mehr als die Summe ihrer Teile

Das Ziel einer Partnerschaft ist nicht, sich einander völlig anzugleichen. Oder mit allem, was jeder kann und hat, komplett ineinander zu verschmelzen. In einer glücklichen Partnerschaft leben immer zwei unterschiedliche und eigenständige Menschen. Beide sind im selben Team *und* bleiben autonom. Das gelingt, wenn beide einander akzeptieren. Wenn sie lernen, von den gegenseitigen Stärken zu profitieren und die jeweiligen Schwächen zu akzeptieren. Wenn sie ihren Fokus wegrücken vom täglichen Kleinklein und für die gemeinsame Sache einstehen.

Rede über Geld

Streit über Geldfragen zählt zu den häufigsten Konflikten in einer Partnerschaft. Kein Wunder, denn hier geht es ums Eingemachte: eigene Bedürfnisse, Respekt für den anderen, gegenseitiges Vertrauen. Sprecht über Eure Emotionen rund um das Thema Geld. Und findet eine nüchterne und kluge Lösung für Euer individuelles Kontenmodell, das zu Euren Persönlichkeiten passt – und das strukturelle Ungleichheiten berücksichtigt.

Perspektive auf das Leben

Denkt über Prioritäten nach: Was bedeutet für Euch Geld? Was ist ein gutes Leben? Wie viel Zeit braucht Ihr für Eure Partnerschaft, für Eure Kinder, für Euch selbst? Wie viel Zeit bleibt dann noch für Eure Karrieren? Was ist realistisch möglich in Euren verschiedenen Lebensbereichen – und was nicht? Je mehr Ihr Euch freimacht von unrealistischen Idealvorstellungen, desto größer die Chancen für echtes Glück.

4_erziehen

Schaut, was Eure Kinder brauchen.
Schaut, was Ihr braucht.
Gut ist gut genug.

Eltern werden ist nicht schwer …

Schön hatte er es sich vorgestellt: Mama und Papa sein, ein strahlendes Baby. Zu Hause sein, gemütlich. Mit dem Kinderwagen herumspazieren. Ansonsten würde sich für ihn nicht viel ändern. Der Job, das Handballtraining, die Treffen mit seinen Freunden – sein Leben würde weiterlaufen wie zuvor. Und dann das: GESCHREI. Stundenlang. Jeden und jeden Tag. Dazu der Stress mit seiner Frau, der er nichts, aber auch gar nichts recht machen konnte. Nach acht Monaten hielt er es nicht mehr aus, packte seine Sachen und zog zu einem Freund.

Der Freund, selbst Vater, wusch ihm gründlich den Kopf. Und irgendwann machte es *klick*: Er hatte nicht verstanden, dass ein Baby nicht etwas ist, das man seinem Leben »hinzufügt«, während alles andere so weitergeht wie immer. Heute weiß er: »Irgendwie bin ich wohl davon ausgegangen, dass da im Hintergrund meines Lebens mein Nachwuchs aufgezogen wird, bis er alt genug ist für die coolen Dinge.«[111]

Ein Baby krempelt alles um. Weil es so hilflos ist, so verletzlich, weil es sich so überhaupt nicht auskennt mit der Welt und mit sich selbst, braucht Eltern, die es rund um die Uhr im Auge haben. Eltern, die auf seine Bedürfnisse reagieren, die es versorgen, die ihm Halt geben für seinen winzigen Körper und seine überbordenden Gefühle. Was nicht einfach ist, wenn das Baby immer und immer wieder signalisiert: »Ich brauche irgendwas, ich weiß auch nicht, was genau, aber es ist wirklich sehr, sehr dringend.«

Ein Baby braucht sehr viel Zeit, sehr viel Geduld, sehr viel Nähe, sehr viel Liebe. Und das von Eltern, die nach wochenlangem Schlafmangel selbst kaum die Augen offenhalten können. Die kaum mehr freundlich sein können zueinander, weil sie vor lauter Erschöpfung nicht mehr wissen, wo sie ihre Gefühle füreinander versteckt haben und wie sie da jemals wieder drankommen. Studien zeigen, dass Männer in dieser Zeit vor allem den gemeinsamen Sex vermissen, nicht so sehr das Reden, und Frauen vor allem das Reden vermissen, nicht so sehr den Sex.[112]

Ein Baby ins Zentrum der eigenen Aufmerksamkeit zu stellen, zum Mittelpunkt der eigenen Welt zu machen, fällt jungen Menschen manchmal nicht leicht. Vor allem dann, wenn sie sich zuvor ausschließlich um ihr persönliches Zentrum des Universums gekümmert haben: sich selbst. Und auch dann, wenn das so sehnlichst erwartete Baby so ganz anders ist, als man es sich vorgestellt hatte: kein glücklicher Wonneproppen, sondern ein verschwitztes Bündel mit knallrot gebrülltem Kopf, dem gelegentlich, hinten aus dem Kragen, der Schiss quillt. Wie süß? Nun ja.

Aber: natürlich auch! Nichts kann süßer sein als ein Baby! Wenn es lacht, wenn es strampelt und gluckst. Eltern werden ist eines der anstrengendsten Abenteuer – und eines der schönsten.

Zwischen Glückskind und Glücksknick

Jede Geburt ist auf ihre Weise ein sehr wunderbares, überwältigendes, schönes *und* ein einschneidendes, schockierendes und unendlich stressiges Ereignis. Gerade die Geburt des ersten Kindes. Bei Nummer zwei, drei, vier wissen die Eltern, was auf sie zukommt. Was es dann bedeutet, ein oder zwei Kleinkinder *und* ein Baby zu haben, wissen sie dann zwar auch noch nicht, aber lernen es schnell: ein Wahnsinn, an einigen Tagen. Das Allerschönste, an anderen Tagen.

Mütter und Väter bei der Geburt

Wenn Paare mit ihrer Beziehung glücklich sind, wirkt sich das direkt auf die Gesundheit der Mütter aus: Interviews mit 431 werdenden Müttern an der Universität Montreal, Kanada, zeigten, dass sich die Mütter mit einer glücklichen Partnerschaft nach der Geburt gesünder und weniger gestresst fühlten als jene, die mit ihrer Beziehung weniger zufrieden waren.[113]
Aus eigener Praxiserfahrung weiß ich, Ludwig Spätling: Das Erleben der Geburt stärkt die Eltern in ihrer Liebe und Partnerschaft. Es schweißt sie zusammen - auch, wenn die Geburt schwierig war. Und gerade dann gilt: Der Vater spielt zwar nicht die Hauptrolle. Aber er ist es doch zumeist, der die Hand der Mutter hält, der sie beruhigt, der sie stützt und stärkt. Auch ohne Worte. Ein-

fach, weil er da ist. Und das macht einen riesigen Unterschied für die Mutter und das Baby.

Und was, wenn der Baby-Blues kommt?

Viele junge Eltern sind nach der Geburt ihres ersten Kinds zwar gestresst, aber sehr glücklich.[114] Manche sind es auch nicht.[115] Um herauszufinden, woran das liegt, legen Forschungsteams jungen Eltern immer ausgefeiltere Fragenkataloge vor.

Und siehe da: Werden 17 verschiedene Lebensbereiche abgefragt, sind Eltern tatsächlich nur in drei Bereichen unzufrieden: mit ihrer Freizeit, mit der Partnerschaft und mit ihrer eigenen Gesundheit. Alles andere – der Job, die Großfamilie, die Nachbarschaft – läuft eigentlich ganz gut weiter.[116]

Eine deutsche Studie bestätigt denn auch, dass bei Weitem nicht alle Partnerschaften nach der Ankunft ihres Babys in die Knie gehen. Viele kommen erstaunlich gut zurecht. Vor allem die Paare, in denen sich der Vater gut in seine neue Rolle einfindet.[117] Das kommt der Gesundheit der Mutter direkt zugute: Je besser die Partnerschaftschon vor der Geburt, desto geringer ihr Risiko, an einer »peripartalen Depression« zu leiden.[118]

Was viel zu wenige Menschen wissen: Diese besondere Art der Depression ist zu unterscheiden vom »Baby-Blues«. Dieser »Blues« beginnt meist Tage nach der Geburt und ist vorübergehender Natur.

Im Unterschied dazu kann eine peripartale Depression in der Schwangerschaft und bis zu einem Jahr nach der Entbindung auftreten. Schleichend oder ganz plötzlich. Eine solche Depression ist eine schwere Erkrankung, die unbedingt behandelt werden muss. Ohne professionelle Hilfe werden die betroffenen Frauen damit kaum selbst fertig. Übrigens, auch Väter können eine solche Depression erleiden, und auch sie brauchen dann Hilfe – doch zumeist wird ihr Leiden gar nicht erkannt.[119]

Schatten und Licht

Allein in Deutschland sind jährlich etwa 100.000 Frauen von einer postpartalen Depression betroffen. Viele geraten durch die Erkrankung oft in starke Selbstzweifel und Schuldgefühle, da sie ihren Alltag nicht mehr bewältigen können und sich als schlechte Mutter fühlen.

In diesen Fällen hilft die Selbsthilfe-Organisation »Schatten & Licht e. V. - Initiative peripartale psychische Erkrankungen«. Die Organisation wurde 1996 von betroffenen Frauen gegründet. Sie betreibt ein bundesweites Selbsthilfegruppen- und Beraterinnen-Netz, führt eine umfangreiche Fachleute-Liste, stellt Informationen zu stationären Mutter-Kind-Einheiten zusammen und vieles mehr. Informationen unter https://schatten-und-licht.de/

Väter im Abseits

Es kommt gar nicht so selten vor, dass sich junge Väter voller Enthusiasmus in ihre neue Rolle stürzen – und dann ratlos am Sofa stehen, um ihrer Frau beim Stillen zuzuschauen.

Was bleibt dann noch zu tun? Spülmaschine, Waschmaschine, Staubsauger, mal in den Supermarkt. So oft möchte die junge Mutter gar keinen Tee gebracht bekommen. So oft muss das Baby gar nicht gewickelt werden. Was tut man da?

Nicht wenige junge Väter verschwinden irgendwann von der Bildfläche, starten mit extra viel Engagement im Job durch, trainieren für einen Marathon, verziehen sich an ihren Computer. Nicht aus bösem Willen, sondern weil sie sich fehl am Platz fühlen. Weil da kein Platz ist zwischen Mutter und Baby, vor allem in der Stillphase. Manchmal sind es zwar auch die Väter, die ein ständig schreiendes Baby besser beruhigen können als die Mutter, weil sie cooler bleiben, weil ihnen witzige Interventionen einfallen. Oft ist es aber doch die Mutter. Das kann einen jungen Mann nerven, eifersüchtig machen, sogar verzweifeln lassen.

Und dann das Kompetenzgerangel. Wie oft passiert es, dass eine junge Mutter meint, der Vater halte das Fläschchen nicht richtig, er klebe die Windel nicht richtig zu, er halte das Köpfchen falsch, er sei zu grob, er spreche zu laut und ziehe sowieso immer das verkehrte Jäckchen über. Das zu warme, das zu kalte, das mit der falschen Farbe. Ja, was denn nun? Darf man als Vater mitspielen, oder nicht?

Muss man als Vater so etwas sein wie die Mama-2.0, oder darf man auch anders sein? Darf man Dinge anders machen? Darf man so mit dem Kind umgehen, wie man das selbst für richtig hält?

Schwierige Fragen. Themen, die Partnerschaften oft an den Rand der Verzweiflung bringen, und darüber hinaus. Denn wenn jedes Elternteil dem anderen signalisiert, dass alles, was es tut, nichts wert ist – welchen Wert hat dann noch die gemeinsame Partnerschaft?

Lassen Sie mich durch, ich bin Supermutter

»In unserer Studie wehrt sich fast jede dritte Mutter offen oder verdeckt gegen zu viel Engagement des Partners«, stellt Magrit Stamm klar, emeritierte Professorin für Erziehungswissenschaften an der Universität Freiburg i. Ü. (Schweiz). Jede dritte Mutter »nörgelt darüber, wie er sich mit dem Kind beschäftigt, oder gibt ihm wie einem Juniorpartner vor, was er im Haushalt wie zu erledigen hat – beklagt sich aber trotzdem über die Bürde ihres Mutterseins. ›Maternal gatekeeping‹ heißt dieses Phänomen in der Wissenschaft.«[120] Die Mutter hat den Schlüssel zum Kind fest in der Hand. Und damit sich niemand per Ersatzschlüssel dazwischen drängt, wenn sie mal nicht guckt, guckt sie eben immer. Immer. Daher das böse Wort »Helikoptermutter«.

Und, ist es nicht so? Jeder kennt sie doch, die jungen Frauen mit dem stolzen Gesichtsausdruck und der ökologisch einwandfreien Oberbekleidung, die mit ihren buntbehelmten Sprösslingen im 5.000-Euro-Lastenfahrrad über die Bürgersteige brettern, die Chaos in den Gemüseabteilungen der Biosupermärkte verbreiten und kein Problem damit haben, ihren *Ein*jährigen in publikumswirksame Pseudogespräche zu verwickeln. (»Was meinst Du, wollen wir Brokkoli kaufen?« »Die

Erdbeeren kaufen wir nicht, die sind mit dem Flugzeug geflogen.«) Und die auch kein Problem damit haben, wenn der Einjährige in der Buchhandlung Vanilleeis in die Wimmelbücher schmiert? Wer es wagt, etwas gegen die Nebenwirkungen des Helikopterns einzuwenden, über dem entlädt sich der moralisch aufgeladene Zorn der Supermutterschaft.

Klischees? Aber ja. Aber nicht nur. Und eigentlich ist die Sache auch nicht so lustig, wie sie in den stereotypen Erzählungen gerne wirkt. Denn sie zeigt zwei gravierende soziale Probleme:

Erstens, wie schnell *man* (um nicht zu sagen: »die Gesellschaft«) sich dazu hinreißen lässt, ausgesprochen überheblich über Mütter zu urteilen, von denen man nichts weiß, außer, dass sie Mütter sind. »Mamas sind wahrscheinlich die am stärksten beobachtete und kritisierte Gruppe unserer Gesellschaft«, sagt Stamm. Wenn etwas gut läuft mit den Kindern, steckt sicher die Mutter dahinter. Vor allem dann, wenn etwas schwierig wird. »Kein Wunder, dass das Kind so trotzt, schau Dir die Mutter an.« »Das Kind ist immer noch nicht trocken, und die Mutter tut nichts dagegen.« Ein entspanntes Verhältnis zu Müttern hat unsere Gesellschaft eher nicht. Und gute Rahmenbedingungen für Mütter bietet sie auch nicht.

Zum zweiten Punkt: Wie schnell sich manche Mutter in ihre Mutterschaft hineinstürzt wie in einen »Fluchtort«, wie in »einen Hort bedingungsloser Liebe«.[121] Auch wenn sie wahrscheinlich wissen, dass sie ihren Kindern keinen Gefallen tun, wenn sie sie erdrücken mit ihrer Mutterliebe, ihnen keinen Platz für eigene Erfahrungen lassen. Auch wenn sie wissen, dass sie ihrer Partnerschaft keinen Gefallen tun, wenn sie den Vätern keinen Platz lassen, um einen eigenen Kontakt zu den Kindern aufzubauen. Und auch wenn sie wissen, dass sie sich selbst keinen Gefallen tun, weil sie sich als Nur-Supermutter ins soziale, ökonomische und auch politische Abseits manövrieren – was sich spätestens dann zeigt, wenn die Kinder in der Pubertät sind, die Intensivmutter nicht mehr so intensiv brauchen und der Karrierezug abgefahren ist.

Warum scheint die Rolle der Supermutter trotzdem attraktiv? (Zumindest für diejenigen, die es sich finanziell leisten können, nur sehr wenig oder gar nichts zum Familieneinkommen beizutragen?) Weil die Perspektive, vier, sechs oder acht Stunden täglich an einem Schreibtisch in einem Unternehmen zu verbringen, das kaum Verständnis für Familien aufbringt, das Mütter vielleicht sogar absichtlich sabotiert, während die Kinder mehr schlecht als recht in personell unterbesetzten Kitas betreut werden, für viele Frauen wenig attraktiv scheint.

Weil die Rolle der Mutter im Vergleich dazu mehr persönliche Freiheiten, mehr Spielräume ermöglicht, im direkten Umfeld oft auch mehr Anerkennung, und weil viele Kinder sich zu Hause tatsächlich wohler fühlen als in einer kreischlauten Riesen-Kita. Außerdem, und vielleicht ist das der wichtigste Punkt, ist der »Mutter-Mythos« keine jeweilige Erfindung einer einzelnen Supermutter, sondern ein »kulturelles Mandat«.[122]

Eine sehr, sehr alte Rolle. An der sehr viele Geschichten hängen, sehr viele Fantasien, sehr viel Sehnsucht.

Binden und Loslassen

Dass es Mutterliebe gibt, ist ein alter Hut. Dazu kommt die Muttersprache. Was kommt von den Vätern? Hierzulande höchstens das »Vaterland« (dass das ein schwieriges Thema ist, ist ein anderes Thema). Dass es so etwas wie »Vaterliebe« als Gegenstück zu »Mutterliebe« geben könnte, ist jedenfalls kaum Thema.

Das liegt auch an der Popularität von Erziehungsthemen, die sich über die Jahre wandeln – ablesbar an den Titeln in den Ratgeberregalen der Buchhandlungen. Im Laufe der 2010er Jahren verschwand das Wort »Liebe« immer mehr von den Buchcovern, dafür tauchte ein neues Wort auf: »Bindung«. Parallel dazu verschob sich der Fokus der Kindererziehung: weg von den Eltern, immer mehr hin zum Kind.[123] Und dieser Perspektivenwechsel verändert alles: wie Kitas funktionieren zum Beispiel, und auch Kaiserschnitte.

Was heißt eigentlich »Bindung«?

Die körperliche Nähe zwischen Mutter und Neugeborenem ist so wichtig, dass nicht nur bei der Geburt, sondern auch beim Kaiserschnitt in vielen Kliniken darauf geachtet wird, dass diese fester Bestandteil des Verfahrens im Kreißsaal-OP ist.

Ich, Ludwig Spätling, habe in meiner Oberarztzeit und besonders in der Zeit, als ich die Frauenklinik in Fulda geleitet habe, darauf geachtet, dass Mutter und Kind Körperkontakt hatten – und wenn es nicht anders ging, wenigstens kurz. Lieber kurz als überhaupt nicht: So sieht und spürt die Mutter, dass es ihrem Kind gut geht, ein Stein fällt ihr vom Herzen.

Dass die Bindung zwischen Mutter und Kind für beide sehr wichtig ist und dass Menschen eine fehlende Mutter-Kind-Bindung ein Leben lang kaum verkraften, weiß man seit Mitte des 20. Jahrhunderts.[124] Dass ein frisch geborener Säugling nach dem Kaiserschnitt kurz an der Wange der Mutter »kuscheln« darf, ist ein guter Anfang. Entscheidend aber ist, was langfristig passiert.

Eine sichere Bindung entwickeln Kinder, wenn sie immer wieder und zuverlässig erleben, dass ihre Mütter und Väter da sind, wenn es sie braucht. Dass sie trösten, wenn es sich ängstlich fühlt, dass sie zu essen oder zu trinken geben, wenn es hungrig und durstig ist, dass sie ruhig dableiben, wenn sich das Kind am Quengelregal im Supermarkt völlig überwältigt auf den Boden wirft, mit den Fäusten trommelt und nichts mehr tun will auf dieser Welt, als nur noch weinen.

Eine unsichere Bindung dagegen entsteht, wenn Eltern ein Kind nicht trösten, wenn es weint. Wenn sie weggehen, wenn das Kind nicht weiterweiß. Wenn sie es nicht ermutigen, wenn es schon wieder vom Laufrad purzelt. Eine unsichere Bindung entsteht aber auch dann, wenn die Eltern zu viel tun. Wenn sie das Kind kaum Erfahrungen machen lassen, wenn sie ständig ermahnen: »Lauf nicht so schnell«, »Fass das nicht an«, »Bleibt still bei mir stehen«. Binden kann sich ein Kind nur dann sicher, wenn es erlebt, dass es sich entfernen kann und dann, wenn es zurückkommt, wieder in den Arm genommen wird. »Binden« heißt nicht fesseln. Binden heißt immer auch: loslassen.

Ein Kind, das beim Aufwachsen eine gesunde Abwechslung von Nähe und Distanz erfährt, kann seine Bedürfnisse nach Nähe und Distanz auch als Erwachsener tendenziell leichter ausbalancieren als ein Kind, auf das nicht geachtet oder dass viel zu sehr festgehalten wurde. Das heißt: Wer feinfühlige Eltern hatte, dem fällt es wahrscheinlich leichter, auch selbst feinfühlig zu sein. Aber wer dieses Glück nicht hatte, der kann Feinfühligkeit immer noch lernen. Empathie ist eine Frage der Übung. Genau wie Mut.

Eltern, die immer wieder ratlos vor ihren albernen, wütenden, quirligen, hyperaktiven, tollkühnen, unordentlichen, lauten, leisen, empfindsamen, entmutigten, überordentlichen oder komplett inaktiven und trotz allem hinreißenden Kindern stehen, denen seien die Bücher von Prof. Remo H. Largo aus Zürich empfohlen. Er hat über die Entwicklung von kleinen Kindern geforscht und sich auch mit den Problemen größerer Kinder und mit Jugendlichen befasst. Und er versteht es wie kaum ein zweiter, Eltern zu ermutigen, auf das Wunderbare zu vertrauen, das in Ihren Kindern steckt – und in Ihnen selbst.

Warme und kalte Gefühle

2018 untersuchte ein Forscherteam Alexandra Burt von der Michigan State University 227 eineiige Zwillingspärchen und befragte deren Eltern nach ihrer Art, mit den einzelnen Kindern umzugehen. Eher abweisend und kühl? Oder mit Herzenswärme? Ergebnis: Je härter die Erziehung eines der beiden Zwillinge, desto aggressiver und gefühlloser zeigte sich das Kind. Interessant: Dieser

Effekt war unabhängig vom Alter des Kindes, vom Familieneinkommen, von den Genen der Eltern - und auch unabhängig vom Geschlecht des Kindes. Kurz: Wenn Männer und Frauen unterschiedlich gefühlsbetont sind, liegt das nicht unbedingt an ihrem Geschlecht, sondern an der unterschiedlich herzlichen Behandlung durch ihre Eltern.[125]

Wenn der Frust geht, kommt der Mut

Es ist kein Geheimnis, dass die seelische Widerstandskraft von Kindern nicht wächst, wenn man sie in Watte packt. Sondern dann, wenn sie immer wieder kleine Herausforderungen bewältigen dürfen. Welche Herausforderungen in welchem Alter angemessen sind, darüber können sich Mütter und Väter stundenlang streiten.

Was heißt das konkret: Sollten Eltern Mutproben inszenieren? Das Kind also lautstark ermutigen, nun endlich vom

Klettergerüst zu springen? Oder reicht auch ein Streit um die schönere Schaufel aus, oder die Entscheidung, die Rutschbahnleiter wieder herabzuklettern, ganz allein, weil der Mut zum Rutschen nicht reicht?

Mut ist nicht gleich Mut

Mut hat sehr viele Aspekte. Wenn man sie einmal auseinandersortiert, wird klar, warum es meistens nicht ausreicht, »Mach doch mal!« zu sagen.

Körperlichen Mut braucht ein Kind, wenn es etwas ausprobieren möchte, bei dem es sich wehtun könnte. Sich das erste Mal auf ein Fahrrad zu setzen ist deshalb eine Frage des Mutes, nicht nur des Willens (oder der »Bockigkeit«).

Emotionaler Mut macht es einem Kind möglich, einem anderen zu gestehen, dass es sich fürchtet. Oder verliebt ist.

Sozialen Mut muss ein Kind haben, das etwas tut, womit es auf Ablehnung stoßen könnte. Ein pinkfarbener Cowboyhut ist für einen Kindergartenjungen eine riskante Entscheidung.

Intellektuellen Mut braucht ein Kind, wenn es einem anderen sagt: »Das, was Du mir da erzählst, das glaube ich nicht.«

Moralischer Mut macht stark, um für das »Gute« einzustehen: sich für Schwächere starkmachen zum Beispiel oder eine eigene Untat zugeben.[126]

Übermut passiert dann, wenn sich die Tugend des Mutes nicht mit einer zweiten Tugend verbindet, die Mut immer auch braucht: Klugheit.

Die Vorstellung, dass es immer die Eltern sein müssen, die dem Kind die passende Mutprobe präsentieren, ist genauso lebensfern wie die gegenteilige Vorstellung: dass möglichst alles, was auch nur irgendwie gefährlich sein könnte, von einem Kind ferngehalten werden muss. Letztendlich kommt es nicht auf die einzelne Steilrutsche an, sondern um ein Grundgefühl: Dass das Kind weiß, die Eltern halten zu ihm – ganz egal was passiert. Und, nicht minder wichtig: Mut von Übermut unterscheiden können.

Die Fähigkeit, hier kluge Entscheidungen zu treffen, lernen sie gerade nicht, wenn Supermütter und Superväter sie zu Heldentaten antreiben und sie dann »den Eindruck bekommen, dass sie sich verbiegen müssen, um den Eltern zu gefallen«. Jedes Kind hat andere Stärken, Schwächen und Ängste. Jedes wächst in seinem Tempo. »Wir schauen nicht darauf, was unser Kind können muss, sondern darauf, was es in diesem Moment gerade kann und braucht«, sagt die Schweizer Bindungsexpertin Ulrike Légé. »Genau diese mutige Entscheidung der Eltern erlaubt es Kindern, Mut zu entwickeln.«[127]

Mit Kindern reden

»Wie war es heute im Kindergarten?« »Schön.« »Was gab es zum Mittagessen?« »Hab ich vergessen.« Eltern von Kindergartenkindern können ein Lied davon singen, wie es ist, mit seinem geliebten Kind leider nicht ins Gespräch zu kommen. Dass sich diese Herausforderung nicht »verwächst« im Laufe der Jahre, wird Eltern spätestens klar, wenn sie den Vierzehnjährigen vom Sportcamp abholen. »Hat es Spaß gemacht?« »Jep.« Okay, das funktioniert nicht. Also greift man in die Werkzeugkiste der Kommunikationskompetenz und versucht es mit einer offenen Frage: »Und? Was habt ihr so gemacht?« Antwort: »Verschiedenes.«

Genau wie in der Paarbeziehung spielt auch in der Beziehung zu eigenen Kindern das Thema Kommunikation eine entscheidende Rolle. Und genau wie in der Paarbeziehung scheitert Kommunikation täglich anders. Das gehört in so vielen Familien zum Alltag, dass Ralph Caspers, Moderator der *Sendung mit der Maus*, mehrere Bücher mit Eisbrecherfragen für Eltern geschrieben hat. Statt nach dem Mittagessen oder dem Lehrplan des Matheunterrichts zu fragen, meint er, sollten Eltern versuchen, ihre Kinder in jedem Gespräch besser kennenzulernen. Welche Fragen stellen sie sich und anderen? Was beschäftigt sie wirklich? Welche Fantasien haben sie, welche Ängste, welche sogar tief philosophischen Gedanken? Nur: Wie kommt man da hin?

Indem man ein bisschen weggeht vom Alltag: »Welche Superkraft hättest du gerne?« »Was ist der beste Buchstabe und warum?« »Wie lange ist das Jetzt?« »Warum sind wir hier?« »Was würdest Du tun, wenn es nicht schiefgehen könnte?« Wenn solche Gespräche gelingen, kommt man endlich über Schweigen und über das organisatorische Kleinklein hinaus. Und, so Caspers: »Im Idealfall lernen in einem Gespräch auch Vater oder Mutter sich selbst ein bisschen besser kennen. Ein echter Gewinn für alle.«[128] Es kann spannend sein, bei Tisch nicht nur zu klären: »Wie schaffen wir das alles?« Sondern eben auch: »Wer sind wir eigentlich? Wer möchten wir sein?«

Raus aus der Überforderungsfalle

Manchmal klingt ein alter Dichter wie Johann Wolfgang von Goethe erstaunlich zeitgemäß, fast schon progressiv:

> »Denn wir können die Kinder nach unserem Sinne nicht formen: / So wie Gott sie uns gab, so muß man sie haben und lieben, / Sie erziehen aufs beste und jeglichen lassen gewähren.«[129]

Kinder sind Kinder. Sie sind genauso wenig perfekt wie wir selbst. Sie werden auch nicht perfekt, wenn Eltern von morgens bis abends an ihnen herumerziehen. Wenn Eltern sie jeden Tag in Förderprogramme stecken, wenn sie sich ihnen jede Minute des Tages zuwenden, in der sie zu Hause sind. Vielleicht ist es sogar umgekehrt: je mehr Eltern versuchen, ihre Kinder zu behüten, zu kontrollieren, zu perfektionieren, desto mehr brechen sie aus diesem Zirkus aus. Aber nicht alle.

Einige bleiben im Mama-und-Papa-Zirkus gefangen. Wie sollen sie auch lernen, was sie wollen und brauchen, wenn ihnen jeder Wunsch von den Lippen abgelesen wird, noch bevor sie ihn selbst gemerkt haben? Zu wenig Mutterliebe macht ein Kind unempathisch und kalt, zu viel Mutterliebe aber erstickt seinen natürlich Drang nach Wachstum, nach Freiheit, macht es angepasst und oft auch »instagramable«. Eltern, denen es viel bedeutet, ihre Familie jeden Tag auf Social Media zu inszenieren, kommt eine solche Angepasstheit nicht einmal so ungelegen ...

Es sind aber nicht nur die besonderen Herausforderungen

des Social-Media-Zeitalters, die das Familienleben herausfordern. Es ist der Alltag: Das Kleinkind kreischt. Der Teenager macht mikrobiologische Experimente mit gebrauchten Saftgläsern. Der Vater lässt die nasse Wäsche im Waschkeller müffeln. Die Mutter belädt die Spülmaschine uneffektiv. Muss das nicht besser gehen?

Gut genug!

Ihr müsst für Eure Kinder nicht die besten Eltern der Welt sein. Es genügt, »gut genug« zu sein.

1. Dein Kind liebt Dich!

Auch wenn Dein Kind gerade schwierig ist, liebt es seine Eltern. Die Gründe für Probleme liegen nicht in fehlender Zuneigung, sondern woanders. Überlegt (zusammen), was es sein könnte.

2. Auch Du machst Fehler.

Dein Kind verzeiht Dir Deine Fehler gerne, wenn Du Dich bei ihm entschuldigst. Gegenseitige Wertschätzung hilft sowohl Dir als auch Deinem Kind.

3. Höre ihm zu!

Dein Kind teilt Dir nur etwas von sich mit, wenn es merkt, dass Du ihm zuhörst und Du ihm Deine gesamte Aufmerksamkeit zumindest für diesen Moment gibst. Wenn es Raum für seine Gedanken bei Dir bekommt! Lerne es kennen, und Du kannst es besser verstehen.

4. Müden Kindern fällt Gehorchen schwer.

Ist Dein Kind müde? Wenn Kinder müde sind, werden sie unaufmerksam und hören nicht mehr zu. Schnell kommt es zu trotzigem Verhalten. Das Kind ist dann oft nicht mehr in der Lage, ohne großen Energieaufwand die Forderungen der Eltern zu erfüllen.

5. Unsinnige Regeln werden nicht gerne befolgt.

Ist die Forderung an das Kind sinnvoll? Es hilft, wenn Du Deinem Kind altersentsprechend erklärst, warum Du etwas von ihm willst. So wenig Verbote wie möglich: Nur durch ständiges Ausprobieren kann das Kind lernen. Aus Fehlern wird man klug. Auch wenn man sich dabei einmal eine Beule holt.

6. Wenn Kinder spielen, hören sie nicht zu.

Kinder, die im Spiel vertieft sind, merken nicht immer, dass man sie anspricht. Sie sind in einer »Spielwolke«. Gehe zuerst auf die gleiche Ebene wie Dein Kind, sieh ihm in die Augen und fasse es an. Erst dann wird es Dir wirklich zuhören und seine Aufmerksamkeit auf Dich lenken.

7. Zehn Grundsätze für die Erziehung.

Stelle Dir Deine zehn wichtigsten Regeln auf, die Du deinem Kind beibringen willst, und spreche sie mit Deinem Partner ab. Es ist wichtig, dass Du und er sie einhalten.

Mehr Erziehungstipps auf Wikifamilia.de

Gelassenheit tut gut

Eine Lösung der tausend Familienalltagsprobleme wird oft versucht, indem man Techniken optimiert: Tief in den Bauch atmen bei Trotzanfall. Keinen Saft mehr kaufen. Die Wäsche ignorieren, bis der Mann merkt, dass das Lieblingshemd fehlt. Die Spülmaschine (theatralisch!) aus- und optimal einräumen.

Und? Was hilft's?

In Japan gibt es ein Wort, das für eine andere Haltung gegenüber den alltäglichen Tücken steht: Nagomi. Es bedeutet, dass man die eigene Unzulänglichkeit akzeptiert. Dass es normal ist, dass man nicht alles bekommt, dass nichts perfekt ist. Vollkommenheit, so heißt es in Japan, findet sich nur in der Unvollkommenheit. Für westliche Ohren klingt das unlogisch – aber wenn man eine Weile darüber nachdenkt, schließlich doch charmant. Der japanische Neurowissenschaftler Ken Mogi erklärt die Sache mit einer kleinen Geschichte:[130]

> »Buddhistische Priester sollen beispielsweise 1000 Tage lang in den Bergen trainieren, aber sie hören meistens schon nach 975 Tagen auf, weil sie glauben, durch Perfektion unvollkommen zu werden. So lassen sie immer ein paar Tage übrig.«

Man könnte diese Haltung auch mit *Gelassenheit* beschreiben. Wer gelassen ist, der bewahrt seinen inneren Abstand, ganz gleich, ob die scheinbar perfekte Nachbarfamilie den WhatsApp-Status schon wieder mit ihren vorbildlichen Museumsbesuchen flutet. Bei dem brodeln die Emotionen nicht über, wenn hier ein Pubertier gammelt und dort ein Kleinkind ausrastet. Der verliert nicht den Kopf, wenn wieder etwas schiefgeht.

»Den Gelassenen können kein Eifer verzehren, keine Kränkungen krank machen und kein Kummer erdrücken«, schreibt Reinhard Haller. »Und da sich der Gelassene besser von Rivalität, Rechthaberei oder Gier lösen kann, wird er auch freier.«[131] Und es passiert noch mehr: Wem es gelingt, gelassen zu bleiben, dem gelingt es außerdem leichter, eine wertschätzende Haltung zu leben.[132]

Wie schafft man das? Indem man die kleinen Dinge nicht zu wichtig nimmt und sich stattdessen auf die großen konzentriert. Die *Dankbarkeit*, dass man überhaupt einen Partner, eine Partnerin, eine Familie hat. Die *Freude*, überhaupt gemeinsam beim Essen sitzen zu können. Die *Liebe*, die sich zeigt, wenn man gemeinsam lacht. Das sind doch die Erinnerungen, die bleiben. Und: Auf welchem Grabstein steht: »In tiefem Respekt für seine Spülmaschinenkompetenz?« Gelassenheit ist keine Technik, sondern eine Haltung:[133]

> Ein »weltgewandtes und tiefenentspanntes Interesse an den Wunderlichkeiten der anderen, deren Sinnhaftigkeit man im Zweifel souverän unkommentiert lassen kann« … »und überhaupt eine gewisse Entspanntheit und innere Distanz zum Irrsinn menschlicher Verhaltensweisen.«

GLÜCKSRETTER

Auch eine Traumfamilie steht manchmal ratlos vor einem kleinen Kind, das sich einen großen Supermarkt zusammenbrüllt. Wer hat da etwas falsch gemacht? Meistens: niemand. Wie geht es besser? Meistens: so ...

Nimm Deine Sorgen ernst

Manch ein Baby ist ein »Schreibaby«. Und: Viele Frauen und auch etliche Väter rutschen um die Geburt herum oder bis zu einem Jahr nach der Geburt in eine schwere Depression. Das passiert einfach, da hat niemand »Schuld«, das hat nichts mit »schlechter Mutter« oder »schlechtem Vater« zu tun. Ganz wichtig, auch für Euer Baby: Holt Euch professionelle Hilfe!

Spiele im Team

Ein Kind großziehen – das ist eine Aufgabe für ein ganzes Dorf. Keine gute Idee also, wenn Du alles allein zu stemmen versuchst. Schaffe Platz für Mama *und* für Papa. Sorge dafür, dass jeder seinen eigenen Draht zum Baby aufbauen kann. Nehmt Euch gegenseitig in Schutz vor den permanenten Beurteilungen (oft: Abwertungen) durch die eigene Großfamilie, durch Freunde und Nachbarn und vor allem – durch andere »Supereltern«, die meinen, alles besser zu wissen und zu können als ihr.

Überfordert Eure Kinder nicht

Schaut, was Eure Kinder wirklich brauchen. Bindet sie sicher, lasst sie aber auch ihre eigenen Erfahrungen machen. Geht empathisch mit ihnen um, dann fällt auch ihnen Empathie leichter. Gebt ihnen die Chance, ihren Mut in ihrem eigenen Tempo zu entdecken, dann sind sie gefeit vor Übermut. Denkt immer an das afrikanische Sprichwort: Gras wächst nicht schneller, wenn man daran zieht.

Genug ist genug

Überfordert auch Euch als Eltern nicht. Es ist überhaupt nicht notwendig, perfekte Eltern zu sein. Gut genug zu sein ist schon eine Menge Arbeit – und das ist gut genug! Es ist normal, dass nicht alles perfekt läuft, und manches sogar ziemlich chaotisch. Eure Familie ist glücklicher, wenn Ihr Euch in Gelassenheit übt – statt in Perfektion.

Denke an Danke

Schau vor allem auf das Große, das gut ist: Eure Partnerschaft. Eure Familie. Eure Kinder. Eure Liebe. Die ist immer da. Schau weniger auf das kleinteilige Alltagschaos. Das geht niemals weg. Überlege jeden Tag, wofür Du dankbar bist, denn das tut Dir gut. »Nicht die Glücklichen sind dankbar. Es sind die Dankbaren, die glücklich sind.« (Francis Bacon)

5_gemeinsam glücklich

Zeigt Achtung,
Anerkennung,
Wertschätzung.

Verschwendet Eure Liebe.

Dann kommt das Glück von allein.

Die Liebe stärker machen

Die Stimmung in einer Beziehung, in einer Familie hängt ganz wesentlich davon ab, wie man miteinander umgeht. Dabei geht es weniger um die Wortwahl. Es geht um die Haltung: Ist das Miteinander von gegenseitigem Respekt geprägt? Von Anerkennung? Achtung?

Oder rutscht doch immer wieder ein »So, wie Du das machst, kann es nicht gehen« heraus. »Wie oft muss ich es noch sagen.« »Schon wieder hörst Du nicht zu.« Nein, es ist nicht die »Schuld« des anderen, dass man diese Dinge sagt. Es ist die eigene Überzeugung, es besser zu wissen, vielleicht sogar besser zu *sein* als der oder die andere. Kann man einem anderen Menschen auf Augenhöhe begegnen, wenn man auf ihn herabschaut? In einer Atmosphäre der Missachtung, der Kränkung, hat es die Liebe schwer. Die Liebe wächst, wo Wertschätzung gelebt wird.

Inseln bauen mit Gottman

Der US-amerikanische Psychologe und Mathematiker John Gottman von der University of Washington in Seattle hat vierzig Jahre seines Lebens damit zugebracht, Glücksformeln der Liebe zu entschlüsseln. Er hat eine gefunden:

5 : 1 = Liebe

Auf diese Formel kam Gottman, als er im Jahr 1980 einige Paare in seine Forschungspraxis einlud, sie vor eine Kamera setzte und an diverse Messgeräte anschloss, sie dann diskutieren ließ – und drei Jahre später nachfragte, welche der Paare noch zusammen waren.

Dabei zeigte sich ein Muster: Getrennt hatten sich die Paare, bei denen die Pulsmessung permanenten Stress anzeigte, selbst im Gespräch über langweilige Themen. Zusammengeblieben waren diejenigen, die selbst bei schwierigen Gesprächsthemen entspannt und freundlich geblieben waren, die gemeinsam gelacht und sich gelegentlich berührt hatten.

Als Gottman die Gespräche analysierte, fand er bei den glücklichen Paaren eine Besonderheit: Einem einzigen negativen, vielleicht sogar feindseligen Gesprächsmoment standen jeweils fünf positive Momente gegenüber. Die Formel der Liebe hieß also 5:1. Griffiger, einfacher geht es kaum. Und so war es kein Wunder, dass sie heute als »Gottman-Konstante« durch Lehrbücher und populäre Medien schwirrt. Manchmal auch nur noch als 5:1-Formel, an deren Autor man sich nicht mehr erinnert.[134]

Was heißt diese Formel nun für den Alltag? Wenn mir ein böses Wort herausgerutscht ist, reicht ein »'Tschuldigung!« nicht aus, um es zu neutralisieren. Es braucht fünf positive Impulse. Die Schwierigkeit besteht nun darin, dass wir positive Impulse oft nicht so intensiv wahrnehmen wie negative. Zum einen, weil das Positive »normal« ist (hoffentlich), und nicht der Sonderfall. Deshalb wird es nicht richtig wahrgenommen. Zum anderen ist das menschliche Gehirn darauf spezialisiert, negative Erlebnisse oder schlechte Nachrichten viel intensiver wahrzunehmen als positive, um möglichst früh Gefahren zu bemerken. Evolutionär war das sinnvoll – für unser Glück in der Liebe heute erweist sich dieses Default Setting als ein wenig ungünstig.

Deshalb kann es tatsächlich helfen, »sich im Alltag kleine Inseln zu schaffen, auf denen man aufmerksam und positiv Zeit miteinander verbringen kann«.[135]

In Erinnerungen schwelgen

Auf diesen Alltagsinseln, und nicht nur da, kann es sich lohnen, den Partner oder die Partnerin ganz bewusst in besonders schönes Licht zu rücken. Was liebt man am anderen? Was findet man attraktiv? Welche Eigenschaften mag man besonders? Welches Talent beeindruckt immer wieder?

Und mehr noch: Wo hatte man sich kennengelernt? Wie war man zusammengekommen? Welche Pannen gab es, als man sich gegenseitig den Eltern vorstellte oder den eigenen Kindern aus früheren Beziehungen? Wie passten die Dinge zusammen, als man in eine gemeinsame Wohnung zog? Wie war der erste gemeinsame Urlaub? Gemeinsame Erinnerungen können das gegenseitige Vertrauen erneuern. Und: »Sobald du dir vertraust, sobald weißt du zu leben.«[136] Aus den gemeinsamen Erinnerungen entsteht eine gemeinsame Erzählung (die auch die eigenen Kinder spannend finden können, zumindest amüsant ...). Und, wer weiß? Vielleicht ist es einfacher, diese gemeinsame Erzählung in die Zukunft fortzuspinnen, wenn man sich den Anfang in Erinnerung ruft.

Raum und Zeit für Liebe

Sich Zeit nehmen für Gemeinsamkeit, Zärtlichkeit, Unternehmungen. Dabei nicht auf die Uhr schauen, nicht aufrechnen. Großherzig leben. **Die Liebe wachsen lassen, indem man sie verschwendet.** Das ist unser Credo. Falls Sie sich fragen, wie genau man Liebe verschwendet – wir hätten hier drei Vorschläge:

1_Die Schmankerl-Box

Sammeln Sie gemeinsam Ideen für Ihre Liebe in einer Schmankerlbox[137] (oder auch Wunschbox). Es geht um Ideen, die die Liebe jung halten: ein Verwöhntag für den anderen, Kino zu zweit, zusammen ins Konzert, Restaurant, Museum. Eine Wanderung. Frühstück ans Bett. Eine Rückenmassage. Was auch immer Ihnen gefällt – und zwar sortiert.

Was sich die Partnerin wünscht, bekommt eine Farbe, die Schmankerl für den Partner eine andere. Wenn Sie nun Zeit zu zweit eingeplant haben oder im Terminkalender plötzlich eine Lücke auftaucht, schöpfen Sie aus den Ideen, die Sie gemeinsam vorbereitet haben. Das Gleiche gilt, wenn Sie den Eindruck haben, die Beziehung fängt an, vor sich hin zu dümpeln. Dann schauen Sie in die Schmankerlbox und nutzen die Ideen darin, die schon auf ihre Umsetzung warten.

Eine solche Box eignet sich natürlich auch für Familien. Und es muss auch keine Holzbox in der Küche stehen – das geht auch als digitale Ideensammlung. Hauptsache, Sie verlieren sie nicht aus dem Blick.

2_Das Glückstagebuch

Ein weiterer Glücksbooster ist ein gemeinsames Glückstagebuch. Das kann ein kleines Buch oder Heftchen sein, das irgendwo sichtbar liegt. Jeder schreibt hinein, was ihm beim anderen positiv aufgefallen ist. Im Idealfall entsteht eine richtige »Schwarte«, und Sie haben Spaß, darin herumzublättern.

> »Ich habe mich gefreut über den Kaffee am Bett heute Morgen.«
> »Du warst heute besonders aufmerksam.«
> »Das Gespräch mit Dir gestern Abend habe ich als sehr angenehm empfunden.«

Immer, wenn Sie sich bei dem Gefühl ertappen »Das fand ich gut, das hat mir gutgetan, da habe ich mich gefreut«, schreiben Sie es auf. Und wenn das Buch offen daliegt, ändert es auch die Wahrnehmung: Man möchte dann auch etwas hineinschreiben. Und natürlich ist man neugierig, ob der oder die andere auch etwas hineingeschrieben hat.

Das ist wichtig, weil Gutes oft im Alltag untergeht. Wir benennen es in der Regel nicht oder nehmen es als selbstverständlich hin. Wenn ich also meine Wahrnehmung auf das Positive fokussiere, dann sehe ich auch meine Partnerin, meinen Partner in einem schöneren Licht. Nach dem Motto: Gucken Sie auf den Käse, nicht auf die Löcher!

Dem anderen mitteilen, wie dankbar und zufrieden man in der Beziehung ist, hebt das Selbstwertgefühl, das Glücksgefühl beider Partner. Studien zeigen, dass positives Feedback vor allem Männer messbar positiv verändert.[138]

3_Zeit zu zweit

Zeit-für-uns-Tage oder Verwöhnwochenenden sind in der frühen Phase der Partnerschaft oft nicht so das Thema – es sind noch keine Kinder da, man hat sich noch nicht im Alltagstrott aus den Augen verloren. Es fängt dann an, schwieriger zu werden, wenn Kinder da sind. Gerade dann ist es wichtig, dass es auch Zeiten gibt, die nur für Sie als Paar da sind. Es muss nicht gleich ein ganzes Wochenende sein. Das kann auch mal ein Abend sein oder ein halber Nachmittag.

Ein Paar aus unserer Praxis hat das den »Herzchentag« genannt, weil sie an diesen Tagen ein Herzchen in den Kalender zeichnen. Da wissen die Kinder: »Wir müssen uns allein beschäftigen. Die Eltern sind unterwegs.« Was viele Paare unterschätzen: Die meisten Kinder finden das sehr gut! Am Anfang ist es für sie zwar etwas irritierend, weil sie nicht mehr im Mittelpunkt stehen. Aber für Kinder gibt es doch auch nichts Schöneres, als zu wissen: Meine Eltern verstehen sich gut, sie sind dicht beieinander und haben Zeit füreinander. Wenn die Eltern sich gut verstehen, entsteht auch eine gute Bindung. Und gut gebundene Kinder entwickeln sich viel, viel besser.

Spannend können extra Wunschtage sein: An diesen Tagen sagt einer von Ihnen, was er machen möchte – und der andere macht es mit (im Rahmen ihrer oder seiner Möglichkeiten!). Nur ihr oder ihm zuliebe. Beim nächsten Termin ist dann der andere dran. Wenn jeder einmal aus seiner Komfortzone herauskommt, weil er den anderen liebt, passieren (mindestens) zwei Dinge: Es kommt Schwung in die Beziehung. Und jeder Einzelne entwickelt sich in seiner Persönlichkeit weiter. Derjenige, der sich endlich traut zu sagen, was er sich wirklich wünscht. Und derjenige, dem es gelingt, das gemeinsame Anliegen über den eigenen Egozentrismus zu stellen, und daran zu wachsen. Das ist es, was David Schnarch mit »Feuerprobe« meint.

Dazu gehört auch, der Partnerin oder dem Partner Freiraum für sich selbst zuzugestehen: Die Frau geht auch mal nur mit ihrer Freundin aus oder macht ein Freundinnenwochenende, der Mann fährt vielleicht auch einmal allein oder mit seinen Freunden weg. Sich um sich selbst zu sorgen darf man nicht vergessen.

Denn eine Partnerschaft, eine Familie kann nur dann glücklich sein, wenn jeder Einzelne glücklich ist.

Ein Wort zum Schluss

Bevor dieses Buch entstanden ist, hatte ich – Ludwig Spätling – vor, möglichst vielen Paaren über die Geburts- und Familienvorbereitung hinaus etwas von dem vorhandenen Wissen rund um das Thema »glückliche Partnerschaft« zur Verfügung zu stellen. Studien zeigen eindeutig, dass sich Seminare wie zum Beispiel das Anfang der 1990er Jahre von den Psychologen Prof. Kurt Hahlweg und Howard Markman entwickelte »partnerschaftliche Lernprogramm« (EPL) nachhaltig positiv auf Beziehungen auswirken.[139] Nun sind Seminare wie EPL, aber auch Paarlife von G. Bodenmann sehr zeitaufwändig und werden deshalb nur von wenigen Paaren genutzt. So wollte ich eine Abendveranstaltung initiieren, die kurzweilig ist und mit vielen »Leuchtfeuern« bestückt, an die man sich sein Leben lang erinnern kann.

Ich konnte das Paartherapeutenpaar Katja und Helmut Flecks motivieren, mit mir zusammen einen solchen Abend zu entwickeln. Unsere Veranstaltung hat uns dann auf die Idee gebracht, hieraus ein Büchlein zu erstellen. Die eigene wissenschaftliche Erfahrung, der Wunsch, eine hohe Glaubwürdigkeit zu erreichen, haben auch dazu geführt, dass wir versucht haben, alle von uns gemachten Aussagen mit internationalen

Studien zu belegen und vielfältige Meinungen zu berücksichtigen.

Die konstruktive Kritik von Prof. Dr. Laszlo Vaskovics (Soziologie Bamberg), Prof. Dr. Kurt Hahlweg (Psychologie Braunschweig) und auch die Zusammenarbeit mit Prof. Dr. Guy Bodenmann (Psychologie Zürich) und dem Psychotherapeuten Marcus Keller (psychotherapie-osthessen.de) haben unser Manuskript sehr bereichert. Die Familienanwältin Stefanie Grosch hat das Kapitel zur Scheidungsproblematik beigetragen. Alexandra Pongs, Studentin der Psychologie, hat uns bei der Literaturarbeit kräftig unterstützt.

Das Lektorat des Goldmann Verlags in München (Gianna Slomka und Mitarbeiterinnen) hatte die Idee, unseren Text lesefreundlicher zu gestalten und die Ghostwriterin und Soziologin Anne Jacoby mit ins Boot zu holen. Anne Jacoby hat mit ihrem Wissen und ihrem Stil unser Buch erheblich aufgewertet. Mit ihr haben wir uns entschlossen, nicht nur Primärliteratur zu zitieren, sondern – weil wir uns bei der Komplexi-

tät der wissenschaftlichen Themen ohnehin Grenzen in der Darstellung auferlegen mussten – auch zusammenfassende Berichte engagierter Journalistinnen, die das Verständnis erleichtern. Auch ist es mit der Erfahrung und dem Engagement von Anne Jacoby gelungen, die Rolle der Frau und berufstätigen Mutter in der heutigen gesellschaftlichen Situation so darzustellen, wie es den Autoren allein nie gelungen wäre.

Wir bedanken uns auch bei allen, die als Teilnehmerinnen und Teilnehmer unsere Veranstaltungen durch ihre Fragen und Kommentare bereichert haben. Und wir wünschen uns, dass unser Buch nicht nur Paare zu einem glücklichen Zusammenleben motiviert, sondern möglicherweise auch Fachleute, die neue und zeitgemäße Seminare für Paare auf die Beine stellen wollen.[140]

Denn was hilft besser durch schwierige Zeiten als jede Menge Glück und Liebe?

Ludwig Spätling, Katja und Helmut Flecks, Marcus Keller
(Fulda im Dezember 2022)

Die Autoren

Prof. Dr. Ludwig Spätling, langjähriger Direktor der Frauenklinik im Klinikum Fulda, ist Vorsitzender der Deutschen Familienstiftung, Autor zahlreicher medizinischer Fachpublikationen und Herausgeber eines Handbuchs für Geburts- und Familienvorbereitung. In seinen Seminaren zeigt er jungen Paaren, wie sich mit vertrauensvoller und wertschätzender Kommunikation eine stabile Grundlage für Beziehungsglück legen lässt, warum das Wissen um das grundsätzliche Anderssein des anderen zu mehr gegenseitigem Verständnis und besseren gemeinsame Lösungen führt und wie sich eine glückliche Partnerschaft direkt auf die Gesundheit und Zukunftsperspektive der gemeinsamen Kinder auswirkt.

Helmut Flecks ist Diplom-Psychologe, Psychotherapeut (Verhaltenstherapie VT) und Coach. Er bildet Psychotherapeuten aus, ist Supervisor für Kliniken und spezialisiert auf Paar- und Familientherapie. Seinen Klientinnen und Klienten bietet er gegenwarts- und zukunftsbezogene Impulse, wissenschaftlich fundierte Informationen und erstaunliche Erkenntnisse über das, was in Partnerschaften funktioniert und was sie erfüllt und erfolgreich macht.

Die Co-Autoren

Katja Flecks ist Diplom-Psychologin und Psychotherapeutin (VT). Sie ist als leitende Psychologin der Fachklinik Neue Rhön tätig. Hier werden unter anderem Paartherapeutische Konzepte stationär realisiert.

Gemeinsam haben Katja und Helmut Flecks ein Konzept für Paare entwickelt, das sie sowohl in Paartherapien als auch in Seminaren und Vorträgen, unter anderem gemeinsam mit Ludwig Spätling für die Deutsche Familienstiftung, seit vielen Jahren erfolgreich anwenden.

Sie plädieren dafür, die Unterschiedlichkeit beider Partner nicht zum Streitthema werden zu lassen, sondern als Ausgangspunkt für Vielfalt, Entwicklung und Zufriedenheit und Co-kreativ zu nutzen.

Marcus Keller ist als Psychotherapeut (VT) in ambulanter Praxis in Fulda tätig. Neben der Behandlung von Menschen mit psychischen Störungen begleitet er auch Paare, die ihn in Krisensituationen aufsuchen, um mit diesen gemeinsam Wege zu finden, Partnerschaft bzw. das durchaus komplexe System Familie in Erfüllung zu leben. Unterschiedlichkeit als Bereicherung und nicht als Limitation zu sehen ist dabei einer seiner Leitsätze.

Die Deutsche Familienstiftung

Die Deutsche Familienstiftung (DFS, online: Deutsche-Familienstiftung.de) wurde im Mai 2000 von Prof. Dr. Ludwig Spätling als gemeinnützige Stiftung des bürgerlichen Rechts gegründet und finanziert sich hauptsächlich über Spenden und das Sponsoring durch Unternehmen. Die DFS ist weltanschaulich, politisch und kulturell unabhängig.

Sie ist Trägerin **der Familienschule Fulda** und ist für viele Projekte verantwortlich, die werdende und junge Familien bedürfnisorientiert unterstützt und sie professionell und liebevoll durch die besondere Zeit der Schwangerschaft begleitet. Und mehr noch: Die Stiftung hat das Konzept der *Geburts- und Familienvorbereitung* entwickelt, das junge Paare nicht nur auf das Leben mit dem Baby vorbereitet, sondern auch auf die ersten gemeinsamen Jahre als junge Familie. Die DFS begleitet Familien auch in dieser Zeit, und sie ermöglicht es Hebammen und anderen, die in der Geburtsvorbereitung engagiert sind, dieses erweiterte Konzept für ihre Arbeit zu nutzen. (Siehe DFS: *Handbuch Geburts- und Familienvorbereitung, Grundlagen und Anwendung für die Kursarbeit*. Frankfurt am Main: Mabuse-Verlag 2020)

Wikifamilia.de ist die Wissensplattform der Deutschen Familienstiftung. Sie stellt gesicherte Informationen zu vielen Bereichen der Familie zur Verfügung, die das Leben erleichtern. Unsicherheit verursacht oft Stress mit Folgen für die gesamte Familie. Ausgewiesene Experten bearbeiten deshalb Fragestellungen zu den Bereichen Kinderwunsch, Schwangerschaft, Geburt, Partnerschaft, Entwicklung der Kinder, Gesundheit und mehr. Denn glückliche und zufriedene Familien haben glückliche und zufriedene Kinder, die optimal lernen und wachsen können.

Literatur

A

Aassve A, Luppi F, Mencarini L. A first glance into the black box of life satisfaction surrounding childbearing. *J Popul Res (Canberra)*. 2021;38(3):307–338. doi:10.1007/s12546-021-09267-z

Ayerle, Nina: »Eine besondere Beziehung«, in: Spektrum der Wissenschaft vom 30.11.2021, unter: https://www.spektrum.de/magazin/familie-wie-vaeter-ihre-toechter-praegen/1946941 (abgerufen am 06.08.2022)

B

Barth C, Villringer A, Sacher J. Sex hormones affect neurotransmitters and shape the adult female brain during hormonal transition periods. *Front Neurosci*. 2015;9:37. Published 2015 Feb 20. doi:10.3389/fnins.2015.00037

Bartens, Werner: »Wann Männer länger leben als Frauen«, in: Süddeutsche Zeitung vom 03.08.2022, unter: https://www.sueddeutsche.de/gesundheit/medizin-alter-lebenserwartung-maenner-frauen-1.5633177 (abgerufen am 03.08.2022)

Baskaran C, Plessow F, Silva L, et al. Oxytocin secretion is pulsatile in men and is related to social-emotional functioning. *Psychoneuroendocrinology*. 2017;85:28–34. doi:10.1016/j.psyneuen.2017.07.486

Benz, Anton (a): Umarmungen mildern Stress – aber nur bei Frauen, in: Spektrum der Wissenschaft vom 23.05.2022, unter: https://www.spektrum.de/news/umarmungen-mildern-stress-aber-nur-bei-frauen/2022451 (abgerufen am 01.08.2022)

Benz, Anton (b): Männlichkeit im Wandel. In: Spektrum der Wissenschaft vom 18.10.2021, unter: https://www.spektrum.de/news/wie-sich-die-maennlichkeit-veraendert/1924129 (abgerufen am 30.07.2022)

Bergeron-Boucher MP, Alvarez JA, Kashnitsky I, Zarulli V. Probability of males to outlive females: an international comparison from 1751 to 2020. *BMJ Open*. 2022;12(8):e059964. Published 2022 Aug 2. doi:10.1136/bmjopen-2021-059964

Berretz G, Cebula C, Wortelmann BM, et al. Romantic partner embraces reduce cortisol release after acute stress induction in women but not in men.

PLoS One. 2022;17(5):e0266887. Published 2022 May 18. doi:10.1371/journal.pone.0266887

BertelsmannStiftung: »Die große Kluft: Frauen verdienen im Leben nur halb so viel wie Männer«, Pressemeldung vom 17.03.2020, unter: https://www.bertelsmann-stiftung.de/de/themen/aktuelle-meldungen/2020/maerz/die-grosse-kluft-frauen-verdienen-im-leben-nur-halb-so-viel-wie-maenner (abgerufen am 03.08.2020)

Bodenmann, Guy: Lehrbuch Klinische Paar- und Familienpsychologie. Bern: Hogrefe 2016

Bodenmann, Guy: Mit ganzem Herzen lieben: Commitment: Wie Ihre Beziehung langfristig glücklich bleibt. Ostfildern: Patmos 2021

Brooks SK, Webster RK, Smith LE, et al. The psychological impact of quarantine and how to reduce it: rapid review of the evidence. *Lancet*. 2020;395(10227):912–920. doi:10.1016/S0140-6736(20)30460-8

C

Carmichael MS, Humbert R, Dixen J, Palmisano G, Greenleaf W, Davidson JM. Plasma oxytocin increases in the human sexual response. *J Clin Endocrinol Metab*. 1987;64(1):27–31. doi:10.1210/jcem-64-1-27

Carr D, Freedman VA, Cornman JC, Schwarz N. Happy Marriage, Happy Life? Marital Quality and Subjective Well-Being in Later Life. *J Marriage Fam*. 2014;76(5):930–948. doi:10.1111/jomf.12133

D

Dejonckheere E, Rhee JJ, Baguma PK, et al. Perceiving societal pressure to be happy is linked to poor well-being, especially in happy nations. *Sci Rep*. 2022;12(1):1514. Published 2022 Feb 17. doi:10.1038/s41598-021-04262-z

Deutsche Familienstiftung (Hrsg.):

Deutsche Familienstiftung (Hrsg.), Chrzonsz EM, Niggemann-Kasozi G, Spätling J, Spätling L.: Handbuch Geburts- und Familienvorbereitung, Grundlagen und Anwendung für die Kursarbeit. Frankfurt am Main: Mabuse-Verlag 2020

Deutsche Familienstiftung (Hrsg.): Wenn Kinder – wann Kinder? Dokumentationsband zum Symposium der Deutschen Familienstiftung. Fulda: Parzeller Verlag 2014. Download: http://www.deutsche-familienstiftung.de/Dokumente/Wenn-Kinder-wann-Kinder.pdf

Di Marco S, Gambaro E, Zeppegno P, Gramaglia C, Postpartum depression, anxiety and marital relationship: A pilot study, European Psychiatry, Volume

28, Supplement 1, 2013, Page 1, ISSN 0924–9338, https://doi.org/10.1016/S0924-9338(13)76733-6.

Donner, Susanne: »Großartiger Sex erfordert eine tiefe Intimität«. Interview mit Peggy Kleinplatz, in: Süddeutsche Zeitung vom 11.05. 2022, unter: https://sz-magazin.sueddeutsche.de/liebe-und-partnerschaft/peggy-kleinplatz-intimitaet-tipps-91311 (abgerufen am 31.07.2022)

E

Engl, J., Thurmaier, F. & Hahlweg, K. (2019). Prävention von Scheidung: Ergebnisse einer 25-Jahres Follow-up Studie. *Verhaltenstherapie*, *29*, 85–96. Doi: 10.1159/000489094

Erwin RJ, Gur RC, Gur RE, Skolnick B, Mawhinney-Hee M, Smailis J. Facial emotion discrimination: I. Task construction and behavioral findings in normal subjects. *Psychiatry Res*. 1992;42(3):231–240. doi:10.1016/0165-1781(92)90115-j

F

Fellmann, Max: »Interessiert mich das, was ich da frage, ganz ehrlich?«, in: Süddeutsche Zeitung vom 09.11.2020, unter: https://sz-magazin.sueddeutsche.de/familie/ralph-caspers-interview-89407 (abgerufen am 07.08.2022)

Fisher H, Aron A, Brown LL. Romantic love: an fMRI study of a neural mechanism for mate choice. *J Comp Neurol*. 2005;493(1):58–62. doi:10.1002/cne.20772

Fiske, Alan P., The Four Elementary Forms of Sociality, in: Psychological Review, 99 (1992) 4, S. 689–723.

Fritzsche, Lara: »Viele moderne Paare starten ambitioniert und kommen dann an ihre Grenzen«, in: Süddeutsche Zeitung Magazin vom 18.02.2022, unter: https://sz-magazin.sueddeutsche.de/familie/carearbeit-gerecht-verteilen-tipps-maria-neophytou-91253 (abgerufen am 03.08.2022)

Fromme, Claudia: »In guten wie in schlechten Zeiten«, in: Süddeutsche Zeitung vom 14.12.2020, unter: https://www.sueddeutsche.de/leben/familie-partnerschaft-beziehung-1.4863441 (abgerufen am 04.08.2022)

Fthenakis, Wassilios E.; Kalicki, Bernhard; Peitz, Gabriele: Paare werden Eltern. Ergebnisse der LBS-Studie. Opladen: Leske + Budrich 2002

Füßler, Claudia: »Wenn aus Paaren Eltern werden«, in: Spektrum der Wissenschaft vom 18.06.2021, unter: https://www.spektrum.de/news/was-passiert-wenn-aus-einem-paar-eltern-werden/1854499 (abgerufen am 07.08.2022)

G

Gimpl G, Fahrenholz F. The oxytocin receptor system: structure, function, and regulation. *Physiol Rev.* 2001;81(2):629–683. doi:10.1152/physrev.2001.81.2.629

Grunwald, Martin: Homo Hapticus. Warum wir ohne Tastsinn nicht leben können. München: Droemer 2017

H

Hall, J. A., Carter, J. D., & Horgan, T. G. (2000). Gender differences in nonverbal communication of emotion. In A. H. Fischer (Ed.), *Studies in emotion and social interaction. Second series. Gender and emotion: Social psychological perspectives* (pp. 97–117). New York, NY, US: Cambridge University Press. http://dx.doi.org/10.1017/CBO9780511628191.006 (abgerufen 30.9.2019)

Haller, Reinhard: Die Macht der Kränkung. Wals bei Salzburg: Ecowin 2017

Haller, Reinhard: Das Wunder der Wertschätzung. Wie wir andere stark machen und dabei selbst stärker werden. München: Gräfe und Unzer 2019

Hartmann, Corinna: »Richtig streiten«, in: Spektrum der Wissenschaft vom 08.01.2020, unter: https://www.spektrum.de/news/beziehungsprobleme-richtig-streiten/1695586 (abgerufen am 04.08.2022)

Heinrichs, Nina; Bodenmann, Guy; Hahlweg, Kurt: Prävention bei Paaren und Familien. Göttingen: Hogrefe 2008

Herbenick D, Rosenberg M, Golzarri-Arroyo L, Fortenberry JD, Fu TC. Changes in Penile-Vaginal Intercourse Frequency and Sexual Repertoire from 2009 to 2018: Findings from the National Survey of Sexual Health and Behavior. *Arch Sex Behav.* 2022;51(3):1419–1433.

Herpell, Gabriela: »Niemand hat die vollkommene Kontrolle über die eigene Sexualität« Interview mit Katherine Angel, in: Süddeutsche Zeitung vom 08.04.2022,unter:https://sz-magazin.sueddeutsche.de/liebe-und-partnerschaft/katherine-angel-sex-konsens-interview-91435 (abgerufen am 31.07.2022)

I

Illouz, Eva: Warum Liebe weh tut. Suhrkamp 2019 (OA 2016)

Imlau, Nora: Auch Mütter dürfen mal kürzertreten, in: Eltern vom 04.07.2022, unter: https://www.eltern.de/kleinkind/mental-load--auch-muetter-brauchen-mal-eine-pause-13168748.html (abgerufen am 05.08.2022)

Ingalhalikar M, Smith A, Parker D, et al. Sex differences in the structural connectome of the human brain. *Proc Natl Acad Sci U S A.* 2014;111(2):823–828. doi:10.1073/pnas.1316909110

Insel TR, Winslow JT, Wang Z, Young LJ. Oxytocin, vasopressin, and the neuroendocrine basis of pair bond formation. *Adv Exp Med Biol.* 1998;449:215–224. doi:10.1007/978-1-4615-4871-3_28

Ishizuka, Patrick, The Economic Foundations of Cohabiting Couples' Union Transitions. Demography, 2018; 55 (2): 535 DOI: 10.1007/s13524-018-0651-1

J

Jäncke L, Mérillat S, Liem F, Hänggi J. Brain size, sex, and the aging brain. *Hum Brain Mapp.* 2015;36(1):150–169. doi:10.1002/hbm.22619

Joel D, Tarrasch R. On the mis-presentation and misinterpretation of gender-related data: the case of Ingalhalikar's human connectome study. *Proc Natl Acad Sci U S A.* 2014;111(6):E637. doi:10.1073/pnas.1323319111

Joel D, Berman Z, Tavor I, et al. Sex beyond the genitalia: The human brain mosaic. *Proc Natl Acad Sci U S A.* 2015;112(50):15468–15473. doi:10.1073/pnas.1509654112

Joel D. Beyond the binary: Rethinking sex and the brain. *Neurosci Biobehav Rev.* 2021;122:165–175. doi:10.1016/j.neubiorev.2020.11.018

Jordan-Young, Rebecca; Karkazis, Katrina: Testosteron. Warum ein Hormon nicht als Ausrede taugt. München: Carl Hanser 2020

Jurek B, Neumann ID. The Oxytocin Receptor: From Intracellular Signaling to Behavior. *Physiol Rev.* 2018;98(3):1805–1908. doi:10.1152/physrev.00031.2017

K

Kaufmann, Jean-Claude: Was sich liebt, das nervt sich. Konstanz: UVK 2008

Kedves, Alexandra: »Zwischen Erwartung und Selbstzweifel«, in: Süddeutsche Zeitung vom 09.11.2020, unter: https://www.sueddeutsche.de/leben/mutter-sein-mutterschaft-burn-out-stamm-1.5025555 (abgerufen am 07.08.2022)

kna/aerzteblatt.de: Coronapandemie traf Mütter laut Studie psychisch härter als Väter, in: Ärzteblatt.de vom 08.09.2021, unter: https://www.aerzteblatt.de/nachrichten/127066/Coronapandemie-traf-Muetter-laut-Studie-psychisch-haerter-als-Vaeter (abgerufen am 05.08.2022)

Kohler HP, Mencarini L. The Parenthood Happiness Puzzle: An Introduction to Special Issue. *Eur J Popul.* 2016;32(3):327–338. Published 2016 Aug 22. doi:10.1007/s10680-016-9392-2

Krämer MD, Rodgers JL. The impact of having children on domain-specific life satisfaction: A quasi-experimental longitudinal investigation using the Socio-Economic Panel (SOEP) data. *J Pers Soc Psychol.* 2020;119(6):1497–1514. doi:10.1037/pspp0000279

Kret ME, De Gelder B. A review on sex differences in processing emotional signals. *Neuropsychologia.* 2012;50(7):1211–1221. doi:10.1016/j.neuropsychologia.2011.12.022

Krohn, Philipp: Auch Väter müssen lernen, zu verzichten, in: Frankfurter Allgemeine Zeitung vom 30.04.2022, unter: https://www.faz.net/aktuell/gesellschaft/menschen/beruf-und-familie-auch-vaeter-muessen-abstriche-machen-17975921.html?premium (abgerufen am 0608.2022)

Kuula L, Partonen T, Pesonen AK. Emotions relating to romantic love-further disruptors of adolescent sleep. *Sleep Health.* 2020;6(2):159–165. doi:10.1016/j.sleh.2020.01.006

L

Land, Louise: »Darum muss man sich nicht gleich trennen«. Interview mit Nele Sehrt. In: Süddeutsche Zeitung Magazin vom 27.05.2022, unter: https://sz-magazin.sueddeutsche.de/liebe-und-partnerschaft/gefuehle-weg-was-tun-91573 (abgerufen am 31.07.2022)

Largo, Remo H.: Babyjahre: Entwicklung und Erziehung in den ersten vier Jahren. München: Piper 2019

Largo, Remo H.: Glückliche Scheidungskinder: Was Kinder nach der Trennung brauchen. München: Piper 2015

Largo, Remo H.: Kinderjahre: Die Individualität des Kindes als erzieherische Herausforderung. München: Piper 2020

Largo, Remo H.; Beglinger, Martin: Schülerjahre: Wie Kinder besser lernen. München: Piper 2010

Largo, Remo H.; Czernin, Monika: Jugendjahre: Kinder durch die Pubertät begleiten. München: Piper 2013

Lauenstein, Mercedes: »Häme macht uns zu schlechteren Menschen«, in: Süddeutsche Zeitung vom 24.03.2021, unter: https://www.jetzt.de/gutes-leben/plaedoyer-fuer-mehr-gelassenheit-im-umgang-mit-moralischen-feindbildern (abgerufen am 08.08.2022)

Liebig, Stefan; May, Meike: Dimensionen sozialer Gerechtigkeit, in: Bundeszentrale für politische Bildung vom 06.11.2009, unter: https://www.bpb.de/shop/zeitschriften/apuz/31602/dimensionen-sozialer-gerechtigkeit/ (abgerufen am 06.08.2022)

M

McCaulley, Esau: »Marriage Made Me Let Go of My Dreams. Good«, in: New York Times vom 12.02.2022, unter: https://www.nytimes.com/2022/02/12/opinion/marriage-career-goals.html (abgerufen am 05.08.2022)

McGuirk L, Kuppens P, Kingston R, Bastian B. Does a culture of happiness increase rumination over failure? *Emotion.* 2018;18(5):755–764. doi:10.1037/emo0000322

P

Parianen, Franca: Hormongesteuert ist immerhin selbstbestimmt. Rowohlt Polaris 2020. Das Zitat stammt aus einem Interview mit Striegan, Agnes: »Die Liebe ist eine Naturgewalt«, in: Süddeutsche Zeitung vom 05.11.2021, unter: https://sz-magazin.sueddeutsche.de/liebe-und-partnerschaft/hormone-liebe-franca-parianen-90822 (abgerufen am 29.07.2022)

Philips, Adam: Monogamie – aber drei sind ein Paar. Fischer Taschenbuch 2017

R

Reichardt, Lars: »Es gehört dazu, die eigene Unzulänglichkeit akzeptieren zu können«, in: Süddeutsche Zeitung vom 20.06.2022, unter: https://sz-magazin.sueddeutsche.de/leben-und-gesellschaft/nagomi-ken-mogi-japan-glueck-harmonie-91631 (abgerufen am 07.08.2022)

Rosenfeld MJ, Thomas RJ, Hausen S. Disintermediating your friends: How online dating in the United States displaces other ways of meeting. *Proc Natl Acad Sci U S A.* 2019;116(36):17753–17758. doi:10.1073/pnas.1908630116

Rotter, N.G. & Rotter, G.S. (1988). Sex differences in the encoding and decoding of negative facial emotions. Journal of Nonverbal Behavior, 12, 139–148

S

Saldern, Clemens von: »Der Schmerz, der die Partnerschaft belastet«, in: Süddeutsche Zeitung vom 25.09.2021, unter: https://www.sueddeutsche.de/leben/paartherapie-partnerschaft-liebe-beziehung-wundenarbeit-clemens-von-saldern-beziehungsweise-1.5418830 (abgerufen am 04.08.2022)

Sánchez-Rodríguez R, Orsini É, Laflaquière E, Callahan S, Séjourné N. Depression, anxiety, and guilt in mothers with burnout of preschool and school-aged children: Insight from a cluster analysis. *J Affect Disord.* 2019;259:244–250. doi:10.1016/j.jad.2019.08.031

Sandner, Wolfgang: Miles Davis. Eine Biographie. Hamburg: Rowohlt 2010

Schaarschmidt, Theodor: »Gibt es Geschlechterunterschiede im Gehirn?«, in: Spektrum der Wissenschaft vom 05.11.2015, unter: https://www.spektrum.de/news/gibt-es-geschlechterunterschiede-im-gehirn/1374600 (abgerufen am 03.08.2022)

Scheele D, Striepens N, Güntürkün O, et al. Oxytocin modulates social distance between males and females. *J Neurosci.* 2012;32(46):16074–16079. doi:10.1523/JNEUROSCI.2755-12.2012

Scheele D, Wille A, Kendrick KM, et al. Oxytocin enhances brain reward system responses in men viewing the face of their female partner. *Proc Natl Acad Sci U S A.* 2013;110(50):20308–20313. doi:10.1073/pnas.1314190110

Schindler, L., Hahlweg, K., Revenstorf, D.: Partnerschaftsprobleme? So gelingt Ihre Beziehung – Handbuch für Paare. Berlin: Springer 2020

Schindler, L., Hahlweg, K., Revenstorf, D.: Partnerschaftsprobleme: Diagnose und Therapie: Handbuch für Therapeuten. Berlin: Springer 2019

Schipp, Anke: »Warum die permanente Selbstinszenierung Familien krank macht?«, in: Frankfurter Allgemeine Zeitung vom 03.05.2022, unter: https://www.faz.net/aktuell/gesellschaft/instagram-wenn-selbstinszenierung-familien-krank-macht-17992978.html (abgerufen am 07.08.2022)

Schmid, Birgit: »Verliebtsein als Verschwörung: der Glaube an die exklusive Liebe«, in: NZZ vom 01.07.2022, unter: https://www.nzz.ch/gesellschaft/verliebtsein-als-verschwoerung-der-glaube-an-die-exklusive-liebe-ld.1690489?reduced=true (abgerufen am 29.07.2022)

a_Smith L, Ciarrochi J, Heaven PCL, The stability and change of trait emotional intelligence, conflict communication patterns, and relationship satisfaction: A one-year longitudinal study, Personality and Individual Differences, Volume 45, Issue 8, 2008, Pages 738–743, ISSN 0191–8869, https://doi.org/10.1016/j.paid.2008.07.023 (abgerufen am 04.08.2022)

b_Smith L, Heaven PCL, Ciarrochi J, Trait emotional intelligence, conflict communication patterns, and relationship satisfaction, Personality and Individual Differences, Volume 44, Issue 6, 2008, Pages 1314–1325, ISSN 0191–8869, https://doi.org/10.1016/j.paid.2007.11.024 (abgerufen am 04.08.2022)

Schnarch, David: Die Psychologie sexueller Leidenschaft. München: Piper 2009 (OA 1997)

Scholz, Sylka: Liebe und Elternschaft auf Dauer? Zusammenfassende Auswertung der Ratgeberanalysen und weiterführende Forschungsfragen. In: Scholz, Sylka; Lenz, Karl; Dreßler, Sabine (Hg.): In Liebe verbunden.

Zweierbeziehungen und Elternschaft in populären Ratgebern von den 1950ern bis heute. Bielefeld: Transcript Verlag 2013

Schreiber, Juliane Marie: Lasst mich in Ruhe mit Eurem ganzen Glück! In: Süddeutsche Zeitung vom 18.04. 2022, unter: https://sz-magazin.sueddeutsche.de/leben-und-gesellschaft/glueck-positiv-juliane-marie-schreiber-91393 (abgerufen am 30.07.2022)

Schultz, W.M., Hayek, S.S. et al., Marital Status and Outcomes in Patients With Cardiovascular Disease. J Am Heart Assoc. 2017;6:e005890. DOI: 10.1161/JAHA.117.005890. Online unter: https://www.ahajournals.org/doi/pdf/10.1161/JAHA.117.005890 (abgerufen 31.07.2022)

Sehrt, Nele: Liebe passiert, Beziehung ist Arbeit: Wie eine gute Partnerschaft gelingt. Hamburg: ZS Verlag 2020

Seltzer LJ, Ziegler TE, Pollak SD. Social vocalizations can release oxytocin in humans. *Proc Biol Sci.* 2010;277(1694):2661–2666. doi:10.1098/rspb.2010.0567

Slyepchenko A, Lokuge S, Nicholls B, et al. Subtle persistent working memory and selective attention deficits in women with premenstrual syndrome. *Psychiatry Res.* 2017;249:354–362. doi:10.1016/j.psychres.2017.01.031

Spätling L.: Bildung beginnt vor der Geburt. In: Bildung der Zukunft – Zukunft der Bildung. Rocholl J, Mitsiadis J, Pohl M. (Hg.) Frankfurt am Main: Wochenschau Verlag 2019, S. 13–37. Manuskript: https://spaetling.net/wp-content/uploads/2019/02/Bildung-bvd-Geburt-final-180807.pdf

Statista: »Haben Sie sich schon einmal oder mehrmals sexuell belästigt gefühlt?«, unter: https://de.statista.com/statistik/daten/studie/1254543/umfrage/erlebte-formen-sexueller-belaestigung-nach-geschlecht/ (abgerufen am 30.07.2022)

Swami V, Barron D, Smith L, Furnham A. Mental health literacy of maternal and paternal postnatal (postpartum) depression in British adults. *J Ment Health.* 2020;29(2):217–224. doi:10.1080/09638237.2019.1608932

T

Tissera H, Auger E, Séguin L, Kramer MS, Lydon JE. Happy prenatal relationships, healthy postpartum mothers: a prospective study of relationship satisfaction, postpartum stress, and health. *Psychol Health.* 2021;36(4):461–477. doi:10.1080/08870446.2020.1766040

Tommer, Benjamin: »Liebe ist eigennützig«. Interview mit Jürg Willi, in: Neue Züricher Zeitung vom 31.08.2022, unter: https://www.nzz.ch/article8CUPA-ld.222670 (abgerufen am 05.08.2022)

V

Vaskovics, Laszlo A.; Rupp, Marina: Partnerschaftskarrieren. Entwicklungspfade nichtehelicher Lebensgemeinschaften. Wiesbaden: VS Verlag für Sozialwissenschaften 1995

Vaskovics, Laszlo A.: »Entwicklung der Partnerschaft in der Multioptionsgesellschaft.« Unveröffentlichtes Manuskript für die Deutsche Familienstiftung 2021

Vaskovics, Laszlo A.: Familiale Entwicklungsverläufe in der Multioptionsgesellschaft. In: Achim Brosziewski; Thomas Samuel Eberle; Christoph Maeder (Hrsg.): Moderne Zeiten. Reflexionen zur Multioptionsgesellschaft. Konstanz: Universitätsverlag 2001, S. 229–244

W

Waller R, Hyde LW, Klump KL, Burt SA. Parenting Is an Environmental Predictor of Callous-Unemotional Traits and Aggression: A Monozygotic Twin Differences Study. *J Am Acad Child Adolesc Psychiatry*. 2018;57(12):955–963. doi:10.1016/j.jaac.2018.07.882

Wiget, Ginette: »Um Mut zu entwickeln, brauchen Kinder zuallererst ein sicheres Fundament«, in: Süddeutsche Zeitung ovm 29.06.2022, unter: https://www.sueddeutsche.de/wissen/mut-kinder-angst-ueberwinden-1.5605747 (abgerufen am 07.08.2022)

Wong YJ, Ho MR, Wang SY, Miller IS. Meta-analyses of the relationship between conformity to masculine norms and mental health-related outcomes. *J Couns Psychol.* 2017;64(1):80–93. doi:10.1037/cou0000176

Wucherer, Cora: Wie die erste Liebe fürs Leben prägt. Interview mit Prof. Fran J. Neyer. In: Süddeutsche Zeitung vom 21.04.2022, unter: https://sz-magazin.sueddeutsche.de/liebe-und-partnerschaft/erste-liebe-praegung-beziehung-91457 (abgerufen am 29.07.2022)

Z

Zurhorst, Eva-Maria: Liebe dich selbst und es ist egal, wen du heiratest. München: Goldmann 2004, 195.

Anmerkungen

1. Vaskovics/Rupp, 1995
2. Phillips 2017, S. 21
3. Schmid 2022
4. Kuula 2020
5. Fisher 2005
6. Insel 1998
7. Parianen 2020
8. Illouz 2019, S. 310: »Die Absicht, sich zu binden, wird als krönende Vollendung der Beziehung verstanden, nicht als ihre Voraussetzung.«
9. Rosenfeld 2019
10. Wucherer 2022
11. Vaskovics 2001 und 2021
12. Laut Eva Illouz besagt die derzeit herrschende Vorstellung, »Männer seien psychologisch und biologisch von Natur aus unfähig zu tiefen Verbindungen und Frauen fiele es leichter, die Liebe zu finden und zu bewahren, wenn sie an ihrer psychologischen Konstitution arbeiteten. In Wirklichkeit sind Biologie und Psychologie – als Methoden, die Schwierigkeiten romantischer Beziehungen zu erklären und zu legitimieren – Teil des Problems und keine Lösungen für diese Schwierigkeiten.« Illouz 2019, S.550
13. Zurhorst 2004, S. 195; Zur Geschichte der Ehe- und Elternratgeber siehe Scholz 2013
14. Schreiber 2022
15. Dejonckheere 2022
16. McGuirk 2018
17. Spätling 2019. Manuskript: https://spaetling.net/wp-content/uploads/2019/02/Bildung-bvd-Geburt-final-180807.pdf
18. Statista 2021
19. Herpell 2022
20. Das zeigen zum Beispiel Daten aus Hessen: »Ursache der meisten Gefährdungen im Jahr 2021 waren den Angaben zufolge überforderte Eltern (35 Prozent), unbegleitete Einreisen aus dem Ausland (32 Prozent) sowie Anzeichen für Vernachlässigung (13 Prozent) oder körperliche Misshandlungen (14 Prozent). In 873 Fällen wurde Eltern das Sorgerecht für ihr Kind vollständig oder teilweise entzogen.« https://www.hessenschau.de/gesellschaft/kindeswohlgefaehrdungen-in-hessen-auf-neuem-hoechststand,kindeswohlgefaerdung-hoechststand-hessen-100.html

21. Schnarch 2009, 87
22. Illouz 2019, 27
23. https://doi.org/10.1093/ehjci/ehaa946.3192
24. Illouz 2019, 267
25. Illouz 2019, 494
26. Friedrich Nietzsche: Also sprach Zarathustra. Darin: Von alten und jungen Weiblein
27. Wong 2017; Benz 2021b
28. Sehrt 2020
29. Land 2022
30. Illouz 2019, 350
31. Schultz 2017
32. Bergeron-Boucher 2022; Bartens 2022
33. Sandner 2010
34. https://www.parship.de/tour/
35. https://www.parship.de/ratgeber/verabreden/was-wollen-frauen/
36. https://de.statista.com/statistik/daten/studie/945394/umfrage/besucherzahlen-von-parship-direkt-als-zeitreihe/
37. Carr 2014
38. Illouz 2019, 351
39. Haller 2019, 177
40. Jurek 2018
41. Carmichael 1987
42. Baskaran 2017
43. Scheele 2013
44. Scheele 2012
45. Berretz 2022
46. Benz 2022a; Gimpl 2001
47. Grunwald 2017
48. Seltzer 2010
49. Parianen 2021
50. Jordan-Young/Karkazis 2020
51. Parianen 2021
52. Donner 2022
53. Herbenick 2022
54. Rainer Maria Rilke: »Requiem« (»Für eine Freundin«)
55. Zu den kleinen Irritationen des Alltags Prof. Jean-Claude Kaufmann: »Was sich liebt, das nervt sich«, 2008
56. Zit. nach Land 2022
57. Schnarch 2009, 397
58. Heinrich Heine: Neue Lieder. Darin: »Angelique«
59. Haller 2017, 243
60. Fritzsche 2022
61. Eine Wortschöpfung aus »man«, englisch für »Mann« und »explaining« für »erklären«, die man in den Medien und im Alltag immer häufiger antrifft
62. Max Frisch: Tagebuch 1946–1949 (Abschnitt »1946«)
63. Ingalhalikar 2014
64. Auf Youtube sehr einfach zu finden unter »Loriot Feierabend«
65. Jäncke 2015
66. Siehe die kritischen Kommentare zu dieser Ingalhalikar 2014 bei Joel 2014 und Joel 2015. Einen gut verständlichen Überblick zur Frage »Gibt es Geschlechtsunterschiede im Gehirn« bietet Theodor Schaarschmidt in »Spektrum der Wissenschaft (2015); einen

aktuellen, wissenschaftlichen Überblick finden Sie bei Joel 2021

67. Barth 2015
68. Slypchenko 2017
69. Simone de Beauvoir: Le Deuxième Sexe. (Das zweite Geschlecht), 1949
70. Judith Butler: Gender trouble. (Das Unbehagen der Geschlechter), 1990
71. Studien zeigen, dass Frauen mehr lächeln als Männer und dass sowohl die Ausdrucksgenauigkeit als auch die Genauigkeit der nonverbalen Urteilsfähigkeit höher sind als bei Männern. Z.B. Hall 2000. Hierzu passt auch eine ältere Arbeit von Rotter und Rotter von 1988: Insgesamt übertrafen in ihren Untersuchungen Frauen die Männer in ihrer Fähigkeit, Emotionen zu erkennen, unabhängig davon, ob sie von Männern oder von Frauen ausgedrückt werden. Männer konnten nur Ärger bei Männern besser als Frauen erkennen.
    Aussagen, die von Kret und de Gelder 2012 bestätigt werden konnten: Frauen können zwar besser Emotionen erkennen und sich leichter ausdrücken, Männer reagieren jedoch stärker auf bedrohliche Verhaltensweisen (dominant, gewalttätig oder aggressiv), was möglicherweise unterschiedliche Verhaltenstendenzen bei Männern und Frauen sowie evolutionäre Auswirkungen widerspiegelt.
72. Eine Studie von 1992 zeigt, dass Männer generell eher traurige Emotionen, aber nicht speziell bei Frauen, erkennen können. Frauen erkennen alle Emotionen in männlichen Gesichtern besser als bei Frauen: Erwin 1992
73. Vgl. Fußnote 65
74. Schnarch 2009, 71
75. Als Stresshormon ist Adrenalin an der »Flucht- oder Kampfreaktion« beteiligt. Es steigert die Herzfrequenz, erhöht den Blutdruck und lässt mehr Luft in die Lunge.
76. Cortisol ist ein Stresshormon, das in der Nebennierenrinde gebildet wird und unter anderem Energie bereitstellt.
77. Brooks 2020
78. Fromme 2020
79. Smith 2008a
80. Smith 2008b, einen guten wissenschaftsjournalistischen Überblick zum Thema »Richtig streiten« bietet Hartmann 2020
81. Unter Konstruktivismus versteht man in diesem Zusammenhang, dass jeder der Streitenden »recht« hat. Denn aus

der Perspektive des einzelnen Streitenden sind die Voraussetzungen für den Streit ja richtig resp. wahr. Siehe auch Wazlawik (1992).

82. aus: Heinz von Foerster, Bernhard Pörksen, Wahrheit ist die Erfindung eines Lügners: Gespräche für Skeptiker. Carl Auer Systeme Verlag, Heidelberg, 2006
83. Saldern, Clemens von 2021
84. Tommer 2002
85. Schnarch 2009, 55
86. Schnarch 2009, 57
87. Schnarch 2009, 75
88. Schnarch 2009, 62
89. Schnarch 2009, 61
90. McCaulley 2022
91. Hintergrundinformationen dazu in Deutsche Familienstiftung (Hrsg.): Wenn Kinder – wann Kinder? Dokumentationsband des Symposiums der Deutschen Familienstiftung, Fulda 2013. Download: http://www.deutsche-familienstiftung.de/Dokumente/Wenn-Kinder-wann-Kinder.pdf
92. Vaskovicz/Rupp 1995
93. https://www.bmfsfj.de/bmfsfj/themen/familie/schwanger schaft-und-kinderwunsch/ungewollte-kinderlosigkeit
94. Deutsche Familienstiftung 2014
95. Information des Nationalen Zentrums für Frühe Hilfen: https://www.elternsein.info/schuetteln/zahlen-und-fakten-zum-schuetteltrauma/
96. Kna Ärzteblatt 2021
97. Imlau 2022
98. Sánchez-Rodríguez 2019
99. Ayerle 2022
100. Fiske 1992. Sehr gut verständlicher Überblick bei Liebig/May 2009
101. Bertelsmann Stiftung 2020
102. www.weltsparen.de, siehe auch https://fondsfrauen.de/studie-zum-valentinstag-85-wuenschen-sich-finanzielle-transparenz-vom-partner/
103. www.rabodirect.de, siehe auch https://www.presseportal.de/pm/117892/3728697
104. Ishizuka 2018
105. https://www.destatis.de/DE/Themen/Gesellschaft-Umwelt/Bevoelkerung/Haushalte-Familien/_inhalt.html
106. https://www.destatis.de/DE/Themen/Gesellschaft-Umwelt/Bevoelkerung/Haushalte-Familien/_inhalt.html
107. www.weltsparen.de; siehe auch https://fondsfrauen.de/studie-zum-valentinstag-85-wuenschen-sich-finanzielle-transparenz-vom-partner/
108. https://nwx.new-work.se/sessions/sessions-speaker-detailseite/elly-oldenbourg
109. Krohn 2022

110. Schnarch 2009, 439
111. Füßler 2021
112. Fthenakis 2002
113. Tissera 2021
114. Krämer 2020
115. Kohler 2016
116. Assave 2021
117. Fthenakis 2002, 470
118. Di Marco 2013
119. Swami 2020
120. Stamm 2020
121. Kedves 2020
122. Stamm 2020
123. Scholz 2013, 321 f.
124. Die Bindungstheorie wurde entwickelt vom britischen Kinderarzt und Kinderpsychiater John Bowlby (1907–1990)
125. Waller 2018
126. Ähnlich bei Wiget 2022
127. Wiget 2022
128. Fellmann 2020
129. Johann Wolfgang von Goethe: Hermann und Dorothea. 3. Gesang: Thalia
130. Reichardt 2022
131. Haller 2019, 199
132. Haller 2019, 200 f.
133. Lauenstein 2021
134. Hartmann 2020
135. Land 2022
136. Johann Wolfgang von Goethe: Faust. Der Tragödie erster Teil. Studierzimmer [II]
137. Die Schmankerlbox basiert auf einem Vorschlag von Prof. Hahlweg, Braunschweig. Siehe auch bei Wikifamilia.de
138. Carr 2014
139. Engl/Thurmaier/Hahlweg 2019. EPL wurde in Anlehnung an das amerikanische »Premarital Relationship Enhancement Program« entwickelt. Hahlweg begleitete auch das Erziehungsprogramm »Triple P« in Australien. Siehe auch https://de.wikipedia.org/wiki/Ein_Partnerschaftliches_Lernprogramm
140. Katja und Helmut Flecks bieten Interessierten ein gezieltes Coaching an (https://psychotherapie-osthessen.de)

Register